裁判所ってどんなところ？

司法の仕組みがわかる本

森炎 Mori Honoo

★──ちくまプリマー新書
267

目次 ＊ Contents

第一章　日本の裁判所はいつからあるか……11
1　「遠山の金さん」「大岡越前」は裁判所の人？……11
2　とても歴史の浅い日本の裁判所……13
3　裁判所≠「裁判をするところ」……15
「裁判権」と「司法権」どこがどう違う？／裁判を受ける権利
4　裁判所の日本近代史……22
初代法務大臣を死刑に／調味料を欠いた五目ずし／立憲主義の成立と裁判所のその後／戦後大きく変わった裁判所
コラム1　日本人の伝統的意識とのギャップ……28
第二章　裁判所の中はどうなっているか……33
1　法廷ってどんな場所？……33
法廷の見取り図／法廷内の決まり／公開の場としての法廷／弁論の場としての法廷／真相解明の場としての法廷

2 **法廷のほかには何がある？**……40
裁判官は普段はどこにいるか／結論はどこでどうやって決まるか／法廷外の裁判手続
3 **裁判官ってどんな人たち？**……44
日本の裁判官はキャリア・システム／裁判長・右陪席・左陪席の順序／裁判官の女性比率／法服を着ない裁判官たち／裁判官の給料はどれくらい？
4 **裁判官以外の裁判所にいる人たち**……49
書記官と事務官／速記官、執行官、廷吏、法廷警備員／家庭裁判所調査官と調停委員／各種委員と審判員、そして裁判員
コラム2　意外に多彩な裁判官の素顔……53
第三章
裁判所にはどんな種類があるか……57
1 **「最高、高等、地方、簡易」――縦の関係**……57

各県の地方裁判所と八つの高等裁判所／三審制の審級図／三審制とは裁判を三回やり直すこと？／最高裁判所の役割——司法の流動性／最高裁判所判事にはどういう人がなるか／最高裁事務総局とは何か／簡易裁判所の役割／特別裁判所の禁止

2 「民事、刑事、家庭裁判所」——横の関係……72

裁判所の民事部と刑事部／民事と刑事の違いとは？／行政裁判所とは何か／特殊な家庭裁判所の位置づけ／微妙な「家裁」の仕事／漫画『家栽の人』／家庭裁判所の役割——裁判による福祉

3 全国に散らばる支部と簡易裁判所……87

実は身近なところにある裁判所／弁護士なしでできる少額訴訟

コラム3　少年法と家庭裁判所……91

第四章

憲法は裁判所についてどう定めているか……95

1 司法って何をすること？……95

司法とは――法を適用して事件を解決すること／証拠って何？――事実の痕跡／『ヴェニスの商人』に見る法の適用――「司法」を誤解した物語

2 **三権分立と裁判所**……101
「権力を弱める」という考え方／行政の裁判所への影響力――司法行政権の問題／法務省・検察庁・裁判所の関係を整理すると／憲法が認める行政機関の裁判／裁判所が裁判しない方が良い場合がある？／裁判官の身分保障／裁判官はみな平等――上司も部下もない世界

3 **法と良心にしたがう**……119
「法の番人」としての裁判所／「法治国家、法律、民主主義」の三位一体／国家法と自然法／裁判官の良心とは――悪法にもしたがうのか？

4 **基本的人権と違憲立法審査権**……126
「人権の砦」としての裁判所／「法律の留保」／近代憲法の原理――国会中心の法治国家／現代憲法の原理――法治国家から司法国家へ／違憲立

法審査って何をすること？／憲法裁判所との違い／「法の支配」の変化／基本的人権と自然法

コラム4　「人権宣言」「立憲主義」と裁判所……139

第五章　裁判所という世界の美しい理念……143

1　裁判所と真理——「論理に基づく真実の裁き」……143
紛争を論争に変換／民主主義モデルと真理モデル／「投票で真理は決まるか」

2　裁判所と人権——「人権を保障し自由と平等を実現する」……148
人権と国民主権の関係／国民主権と裁判所／「民主的専制」「多数者支配」とは何か／司法の積極主義と消極主義／日本の人権救済のあり方

3　裁判所と正義——「徳・善・正義の要請」……159
犯罪被害者の訴え「正義を示してほしい」／公害問題で被害住民を救済——無過失責任へ道を開く／医療問題では患者側に——因果関係のハー

ドルを外す／家族関係では旧弊打破――尊属殺人罪違憲判決／投票価値の平等と違憲判断／集会・デモの自由には消極的／公務員の労働基本権では二転三転／自衛隊と憲法九条では現状追認／様々な社会正義の実現

コラム5　裁判所をめぐる「民主主義的原理」と「自由主義的原理」……179

第六章　裁判所をめぐる理想と現実のギャップ……183

1　民事裁判は書面主義「法廷は三分で終わり」……183
民事司法は中身より事件処理件数／極端な書面主義は憲法違反の疑いあり

2　刑事裁判は検察依存「九九・九パーセント有罪」……185
刑事裁判官と民事裁判官の大きな違い／日本の刑事司法は中世並み？

3　憲法訴訟は判断回避「違憲はいけん」……188
裁判所の違憲判断の実績／国際平和と戦争放棄から手を引く

4　これからの裁判所を展望する……190

新しい公共世界の主役／社会の中で変わりつつある「裁判の真実」「裁判所の正義」
コラム6　集団的自衛権容認で国家緊急時の人権保障はどうなるか……194
あとがき……199

第一章　日本の裁判所はいつからあるか

1　「遠山の金さん」「大岡越前」は裁判所の人？

　裁判に関するテレビ番組と言えば、現代物の法廷劇のほかに、「遠山の金さん」や「大岡越前」が活躍する時代劇があります。「遠山の金さん」や「大岡越前」は、法律的観点で見た場合、何をしているのでしょうか。関係者をお白洲に引き出して悪人を懲らしめたり、善人を救済したりしていますが、あれは裁判をしていると言えるのでしょうか。裁判らしきことをしているようにも見えますが、では、「遠山の金さん」や「大岡越前」は、裁判官なのでしょうか。「遠山の金さん」や「大岡越前」の役職は、もちろん、お奉行ですが、いまの時代に引き直した場合、裁判所の人と言えるのでしょうか。そもそも、「遠山の金さん」や「大岡越前」が働く場所は、裁判所なのでしょうか。

　実は、これは、「裁判所」というものを考えるうえで、大きな手がかりを与えてくれます。
国家があるかぎり、また、私たちの社会があるかぎり、必ず裁判が必要となります。裁判というものがないと、人間社会で生ずる紛争を解決することができません。また、罪を犯した者に罰を科すこともできません。前者の紛争解決機能が民事裁判、後者の刑罰実現機能が刑事裁判と呼ばれているものですが、要は、これらなしでは、私たちの世界は混乱した無法状態になってしまいます。「遠山の金さん」は、お白洲で、もろ肌脱いで桜吹雪《ふぶき》を見せ、啖呵《たんか》を切っていましたが、ともかく最終的には、町人や農民や武士や浪人たちの間で生じたトラブルを解決したり、悪事を働いた者を罰したりしていました。ですから、「遠山の金さん」や「大岡越前」がやっていたことは、裁判であると言っても間違いではありません。

ところが、それにもかかわらず、「遠山の金さん」や「大岡越前」は裁判所の人かと言えば、そうは言えません。また、「遠山の金さん」や「大岡越前」が働く場所は裁判所かと言えば、そうではありません。そのころは、日本では、まだ、裁判所というものがありませんでした。

そう、日本の裁判所は、とても歴史が浅いのです。日本の法制度や政治制度は、明治期の西洋化・近代化によって、西洋の諸国家の仕組みを輸入することで生まれ変わりました。それによって、はじめて裁判所が生まれたのです。

2　とても歴史の浅い日本の裁判所

日本の法制度は、明治期に西洋の法制を取り入れる前は、律令《りつりょう》制でした。律令制とは、律《りつ》と令《りょう》を基本とする国家のことで、「律」とは刑罰法規、「令」とは行政法規を意味します。つまり、犯罪の取り締まりと行政についての定めを中心とする国家のことです。律令国家では、為政者と官僚が中心で裁判所は独自の存在意義を持ちません。「遠山の金さん」や「大岡越前」は、この律令国家の役人として職務を行っていたわけです。

日本では明治の初めに、この律令制を捨て、西洋法制を取り入れます。それは、日本をとりまく当時の国際状況に即応するためのものでしたが、あまりに先を急いだものでもありました。そのため、大変な軋轢《あつれき》を生じました。

有名な逸話として、初代司法卿《しほうきょう》（法務大臣）となった江藤新平は、早く外国の法令を取り入れるために、「誤訳も妨げず、ただ速訳せよ」と命じたと言われています。

実際、たとえば、明治初期に刑事裁判のやり方を西洋にならって定めた際には、裁判官と検察官の区別がどうしてもわからず、検察官は裁判を傍《かたわ》らで直立不動で見ている者とされました。

何しろ、当時の日本では、ついこの間まで、「遠山の金さん」や「大岡越前」のようなお奉行が裁判をしていたわけです。お白洲には、「遠山の金さん」や「大岡越前」のほかには主役となる役人はいません。それ以外に、もう一人、重要な登場人物がいるなどと外国文献に書かれていても、想像がつかなかったのでしょう。

明治六年（一八七三年）に制定された断獄則例《だんごくそくれい》では、検察官とは傍らにいて「きをつけ」をしている者と定義されています（「傍ニ在テ査核《キヲツケ》ス」）。

このように、短期間のうちに急速に西洋の法制を取り入れようとして、無理に無理を重ねたのが日本の近代化でした。

3　裁判所≠「裁判をするところ」

さて、ここで、読者のみなさんに「裁判所ってどんなところ？」という問いかけをしたら、どういう答えが返ってくるでしょうか。答えとして「裁判をするところ」というのは、完全解とは言えません。なぜ、不完全なのか、その理由は、もう半分出てきました。

ただ、この点は、「裁判所」というものを考えるうえで、とても大事なことなので、あらためて詳しく取り上げてみましょう。

すでに出てきましたが、国家・社会と裁判とは、切っても切れない関係にあります。有史以来、紛争を解決するために、あるいは法を破った犯罪者に罰を科すために、人間社会では裁判が行われてきました。原始社会では族長によって、古代では王をはじめとする支配者によって裁判が行われました。日本の場合、裁判は、古代には天皇や豪族、貴族によって、中世には武家政権の上級武士たちによって、近世には幕府や藩の役人によって行われてきました。「遠山の金さん」や「大岡越前」は、最後の「幕府の役人」

に当たるわけです。

ですから、「遠山の金さん」や「大岡越前」がやっていたことは裁判には違いありません。

ところが、「遠山の金さん」や「大岡越前」は裁判所の人かと言えば、そうではなくて幕府の役人、いまふうに言えば、行政府の人です。

裁判と裁判所との間にはギャップがあるのです。これは、見過ごしがちなギャップですが、ここに、私たちが「裁判所ってどんなところ?」なのかを考える一つの鍵があります。裁判と裁判所との間の一見不思議に思えるギャップには、裁判所が裁判所と呼ばれるゆえんが隠されています。

裁判所は、政治権力から独立して、中立的な立場で裁判を行うからこそ、裁判所と呼ばれるのです。政治権力から独立していること、それが裁判所の本質です。なぜ、それが本質となるかと言えば、時の政治権力に影響された裁判が行われるならば、裁判を受ける立場からすると、裁判を受ける意味が激減するからです。国王に対する叛逆罪《はんぎやく》の疑いをかけられた者が国王から裁判を受けても、ほとんど意味はありません。天領（徳川幕府の直轄領地）と境を接する土地の所有者が土地の境界を決めるために、幕府の役人に訴え出ても、公平な裁きは望めません。

政治権力から独立して裁判を行う仕組みだけが「裁判所」の名に値するわけです。逆に言えば、たとえ裁判所という名前がつけられていても、政治権力から独立していないような組織や機関は裁判所の実質を持ちません。そのくらい、大事なことが、この「政治権力から独立して裁判を行う」という特質です。法律学の世界で、「司法権の独立」と言われる事柄です。

「裁判権」と「司法権」どこがどう違う?

以上の点はとても重要なので、法律学の分野では、裁判権と司法権とで、言葉の用い方を区別するべきだと言われているほどです。

国家や社会と裁判は、切っても切れない関係にありますから、裁判権は太古の昔からありました。そして、それが裁判という形で行使されてきました。

裁判権をめぐる問題は、世界の歴史にも古くから表れていて、中世ヨーロッパでは、教会（教皇）と世俗権力（皇帝）が裁判権をめぐって争い、近世の絶対王政の時代には、封建領主の裁判権が国王の裁判権に吸収され、統一されていきました。

他方、近代になって、国家の公権力のうち、裁判をする権限が他の権限である政治権力から独立してきます。それによって、はじめて裁判の非政治性が確保されます。そして、さらには公平性や公開性や迅速性などが次第に備えられ、「公正な裁判」が実現されていくのです。

そこで、国家の公権力のうち、歴史的に他の権限から独立したものを「司法権」と言って、「裁判権」と区別することが必要になってきます。

このような用法からすれば、国王がやろうが、封建領主がやろうが、「遠山の金さん」がやろうが、「大岡越前」がやろうが、裁判は裁判には変わりなく、また、軍法会議であろうが、革命裁判であろうが、裁判権の行使には変わりないかもしれませんが、それらは司法権の行使とは言えないことになります。

最初の「問い」「答え」に戻りましょう。

「裁判所ってどんなところ?」という問いかけに対する正解は、「政治権力から独立して裁判をするところ」となります。

裁判を受ける権利

これまでに述べたところからわかるように、同じ公権力でも、政治的権力と裁判所とは区別されます。以下では、政治的権力の別称として「政府」という言い方も出てきます。「裁判所とは対立的な公権力」というニュアンスの用法ですが、このような言い方ができるのも、裁判所には司法権の独立があることが根拠となっています。

また、以上は、裁判を受ける側から見た場合、大きな意味を持ちます。それによって裁判の非政治性（中立性）が確保され、国民一人一人にとって権利の救済のよりどころとなります。

それを指して、「権利保障的な裁判」と言うことができます。すでに出てきたように、ヨーロッパでは、一七世紀から一八世紀にかけて、裁判をする権限だけが国家の他の権限から独立して、近代的な司法制度が成立します。では、日本で、このような意味の裁判が成立するのは、いつごろでしょうか。

明治初期は、誤解や混乱を重ねるだけの試行錯誤の期間でした。

明治も半ばを過ぎた時期に、日本の裁判所の歴史を画する「大津事件」と呼ばれる事件が起きます。

それは、日本訪問中のロシア皇太子が滋賀県大津で日本人巡査によって傷害を負わされた事件（暗殺未遂）で、この事件の裁判をめぐって、大騒動が沸き起こります。政府はロシアの報復をおそれて、被告人を死刑にするように裁判所に圧力をかけます。元老・伊藤博文をはじめとして、総理大臣・松方正義、司法大臣、外務大臣、内務大臣、逓信《ていしん》大臣、農商務大臣らが次々に介入し、適用する刑法の条文を「通常謀殺《ぼうさつ》未遂罪」から「皇室に対する罪」に変えるように大審院長（現在の最高裁判所長官）児島惟謙《こじまこれかた》に迫りました。当時の政府部内の強硬意見はすさまじく、逓信大臣、農商務大臣の両名は、「裁判所側が聞き入れない場合には、刺客を放って収監中の被告人を暗殺すべし」との意見具申を元老たちにしていたほどでした。これに対して、裁判所は、紆余曲折《うよきょくせつ》の末、大審院長を中心にして、何とか政府筋の圧力をはね返し、死刑を回避して無期懲役の判決を出すことに成功します。

この出来事は、司法権の独立に関する記念碑的事件となりました。

大津事件の判決は明治二四年（一八九一年）に出されていて、日本の裁判所が司法権の独立を獲得したのは、その時と見ることができます。それまでは、裁判所の名は冠していても、「遠山の金さん」や「大岡越前」の奉行所とどれだけ違うのか、大いに疑わしいところがありましたが、それ以降は、一応は政治権力から独立して裁判を行うことができるようになったのです。

日本で「権利保障的な裁判」が成立したのも、その時ということになります。したがって、本当の意味での日本の裁判所の始まりも、そのころと言えるでしょう。

このような観点から、「遠山の金さん」や「大岡越前」がやっていたことを言い直してみましょう。「遠山の金さん」や「大岡越前」は裁判をしていたことには違いありませんが、権利保障的な裁判をしていたわけではありません。

日本国憲法は、広く「裁判を受ける権利」を定めていますが、これは、権利保障的な裁判を徹底した考え方と言えます。

以上を簡略化して言えば、「裁判所―司法権の独立―裁判を受ける権利」というひとつながりの図式が、近代の裁判所の姿を表しています。文章にして言えば、「司法権の独立が保障されている時、裁判所の行う職務は、裁判を受ける側から見て中立性や公平性が保たれた権利保障的な裁判として成立する」ということです。

4　裁判所の日本近代史

明治維新と同時に、新政府は法制度の急速な西洋化を図ったこと、それに伴って大きな無理や混乱や戸惑いが生じたことは前に述べました。急転直輸入された西洋の法制度は、「士農工商」の身分から四民平等となったばかりの当時の国民にとって、まったく縁遠い話だったに違いありません。それどころか、明治政府自身にとっても、先ほど触れた断獄則例《だんごくそくれい》のエピソードにみられるように、西洋法制は、まだ十分に理解できないものだったのです。

ここでは、明治維新後から現在に至るまでの日本の裁判史をざっと振り返ってみましょう。

初代法務大臣を死刑に

明治初期には、新政府に不満を持つ在郷士族による反乱が次々に勃発しました。佐賀の乱（一八七四年）、熊本・神風連《じんぷうれん》の乱（一八七六年）、福岡・秋月《あきづき》の乱（一八七六年）、山口・萩の乱（一八七六年）、西南戦争（一八七七年）が続き、かたや、岩倉具視《ともみ》襲撃事件（一八七四年）や大久保利通暗殺事件（一八七八年）も相次ぎました。

このころは、まだ、明治維新後、新政権が成り立つかどうかの瀬戸際で、国の統治機構全体が極めて不安定だったのです。

佐賀の乱では、初代司法卿であった江藤新平が反乱の首謀者として死刑になっています。

その裁判では、内務卿（内務大臣）の大久保利通が一切の指揮権限を得て乗り出し、江藤らの死刑を事実上決めてしまいましたが、是非に及ばず、明治政府が成り立つように、何としても裁判をコントロールしなければならなかったわけです。その大久保も、四年後には暗殺されます。

裁判所のあり方をどうするかどころの話ではなかったと言えます。

また、国家として急激な西洋化を図ったものの、思ったように近代化が進まないという事情もありました。そのあたりの事情は、たとえば、当時、西洋化を期して編纂《へんさん》に着手したはずの刑事法典が、出来上がってみると未《いま》だに律令の影響を強く残したものになっていたことなどにも見られます（新律綱領《しんりつこうりょう》、改定律例《かいていりつれい》）。

調味料を欠いた五目ずし

さらには、むやみに西洋諸外国の法律を翻訳して取り入れた結果、法律間で矛盾や食い違いをきたし、全体をどう理解すればよいかわからない状態になり、明治一五、一六年ころになっても、まだ、政府首脳の頭の中で混乱が続いていました。

そのころの様子は、元老・井上馨《かおる》の話として、次のように聞き書きに残されています。

「続々制定せられたる法律には、英国主義もあれば、ドイツ、フランス主義もありて、その様はあたかも調味料を欠ける五目鮨《ずし》の如く《ごと》」「法と法との間に自ら連絡を欠き……相互に衝突を免れざるの結果を生ぜしならん」「勿論《もちろん》明治一五、六年の頃には日本の法律家中に……博学多識の法律学者はいまだ乏しき時代なりし有様なれば、かくの如き結果を見るもまたやむをえざる次第」と（尾佐竹猛《おさたけたけき》『日本憲政史の研究』）。

そうした揺籃《ようらん》期の混乱を経て、明治二二年（一八八九年）に大日本帝国憲法が制定・公布されます。憲法は翌年施行されて、ここに立憲制（立憲君主制）が開始されます。また、明治二四年（一八九一年）には、国論をゆるがす大津事件が生じ、裁判所はその審理を通じて司法権の独立を何とか獲得します。

立憲主義の成立と裁判所のその後

大津事件によって裁判所は曲がりなりにも独立の形を整え、日本においても西洋型司法制度が軌道に乗るかに見えました。

ところが、その後も、裁判所は急激な変化の波に洗われ続けます。

立憲主義（「国家権力の行使は憲法にしたがう」という思想）のもとで、やっと裁判所が本来の姿を見出しつつあった矢先、社会主義、無政府主義などの新思想が日本に入ってきます。政府は、これらの新思想を危険視し、罰則規定を設けて運動の広がりを禁圧しようとしました。そのため、裁判所は、罰則の適用を通して政府の思想統制につき合わされるようになり、一九〇〇年ころには、図らずも思想裁判に力を割かれるようになります。

その後、一九一〇年の大逆《たいぎゃく》事件、一九二五年の治安維持法の成立を経て、裁判所は、さらに深く思想弾圧のための国家的仕組みに組み込まれていきます。大逆事件は、幸徳秋水ら社会主義者二十数名が天皇に危害を加えようとしたという疑いをかけられて死刑になった出来事で、極めて短期間の審理で死刑判決が言い渡され、執行されたことで、日本の裁判史に汚点を残した事件でした。

その結果、大正デモクラシーの高揚や普通選挙の実施（一九二五年）にもかかわらず、司法の本領を発揮することができませんでした。政府の反体制運動の取り締まりと一線を画して、裁判所が国民の権利を守るという明確な姿勢は、ついに見られずに終わりました。

さらに、戦争が近づくにつれ、裁判所は次第に、積極的な体制擁護の姿勢に反転していきます。そして、太平洋戦争突入とともに、全面的に反体制処断を推し進める道を選び、戦時体制の中に完全に埋没していきます。

戦後大きく変わった裁判所

敗戦後、日本国憲法の公布によって、日本の裁判所は、今度は、一夜にしてアメリカ型の司法に変わることになりました。

日本国憲法は、まず、日本の主権の所在（国のあり方）と政体（政治制度のあり方）を根本的に変更するものでした。天皇主権から国民主権へ、立憲君主制から民主制へと変わりました。

また、国民の人権保障は、それまでの「法律による保障」から、「憲法による保障」に変わりました。法律による保障とは、「法律によらなければ、人権を制限されない」ことを意味しますが、憲法による保障とは、さらに一段、保障の度合いを高めたものです。そこでは、「法律によらなければ、人権を制限されない」だけでなく、人権を制限する法律が憲法の定めに反する場合、その法律は無効とされるという形で、人権保障のレベルが高められています（言いかえれば、「憲法に適合する法律によらなければ、人権を制限されない」こと）。

それに伴って、法律が憲法に反していないかどうかを他律的に判断するために、裁判所に違憲立法審査権が与えられることになりました。違憲立法審査権は、すぐれてアメリカ型の制度です。

刑事裁判も、従来の大陸型（ヨーロッパ型）からアメリカ型のものに変わりました。

以上に加えて、ほかの面でも、裁判所の役割がクローズ・アップされることになりました。日本国憲法には、現代諸国家の憲法の中にあっても他に類を見ない大きな特徴がありました。戦争放棄と平和主義です。そのため、裁判所がこれらについてどのようなスタンスをとるのかが注目されることになったのです。

コラム1　日本人の伝統的意識とのギャップ

日本の法制度は、明治期の西洋化・近代化の一環として、急激に変わりました。それは、近代世界史の中における日本という国家の宿命でした。しかし、同時に、日本人のそれまでの法意識とは大きな違和感のあるものでした。

福沢諭吉の『学問のすゝめ』にも、次のようにあります。「譬《たと》えば今、……裁判所の風《ふう》も改まりて、……その習慣俄《にわか》に変ぜず」。西洋風に裁判所が変わっても、儒教的伝統に基づく人々の法意識や政治意識はまったく変わらないと言っています。そして、意見があっても、お上には逆らわず、事なかれ主義で無事を決め込んでいると嘆いています。

日本の場合、聖徳太子の時代から続いた律令国家の伝統がありました。他方、ヨーロッパでは、古代ギリシアの民衆裁判など、まったく異なる伝統がありました。

一般に、東洋的な律令制と西洋法制では、次のような違いがあると言われています。

律令国家では、国のあり方と統治の仕方を定めることに主眼が置かれ、法を為政者の命令と見る傾向が強く、基本的に個人の権利は定められません。国を統治する為政者や官僚には、それに見合った徳や心構えや配慮が要求されますが、反面、民衆には命令に従うことが求められます。

かたや、西洋法制では、法は万人に共通の自然的、根源的なものという理解が強く、何かの手段とみなされることは基本的にありません。また、西洋における「法」の観念と「権利」の観念とは、もともと一つのものを表していて、そのため、法制度を権利義務の体系として理解する傾向が強いとされています。

図式的には、東洋は「法による支配」（法を手段とした支配）、西洋は「法の支配」（何人《なにびと》も法に服する形の支配）、東洋の法は「命令」、西洋の法は「コンセンサス」（合意）という特色を持つと言われます。

わが国の場合、明治期の急激な西洋化、敗戦によるアメリカ型法制度の導入という特殊な歴史的条件のもとで、司法権の独立や違憲立法審査権などの近現代的な裁判制度がどれだけ根をおろしたと言えるか、常に問い返されることになります。

他方、一国の司法制度は、その地域的環境や国民の法意識に支えられた固有のものであるはずで、どちらが進んでいて、どちらが遅れているという問題ではありません。法制度と法意識とのギャップが埋まらない以上、聖徳太子以来の「和」や儒教的な「義」などの観点から欧米的な枠組みを再構成していく必要もあるように思います。

二〇〇九年には、市民が刑事裁判に参加し、裁判官と変わらない権限で判決に関与する裁判員制度が始まりました。裁判員制度は、司法の中に市民感覚を取り入れるものです。そこは、また、日本の社会思想をはじめ、「道」「和」「義」「仁」などの日本的・東洋的な価値観が生かされる場でもあります。

第二章　裁判所の中はどうなっているか

1　法廷ってどんな場所？

法廷の見取り図

裁判所の法廷は、次のページの図1、2のようになっています（地方裁判所の場合）。民事裁判の場合と刑事裁判の場合で、多少の違いがあります。

図示したのは、裁判長、陪席裁判官（右、左）の三人構成の場合です（「合議制」「合議体」）。

法廷には、合議法廷のほかに、単独法廷もあります（「単独制」「一人制」）。その場合には、法壇の真ん中に裁判官が一人いるだけで、左右の陪席裁判官はいません。

法壇の後ろは開き扉になっていて、裏廊下とつながっており、裁判官はそこから、

図1

民事法廷

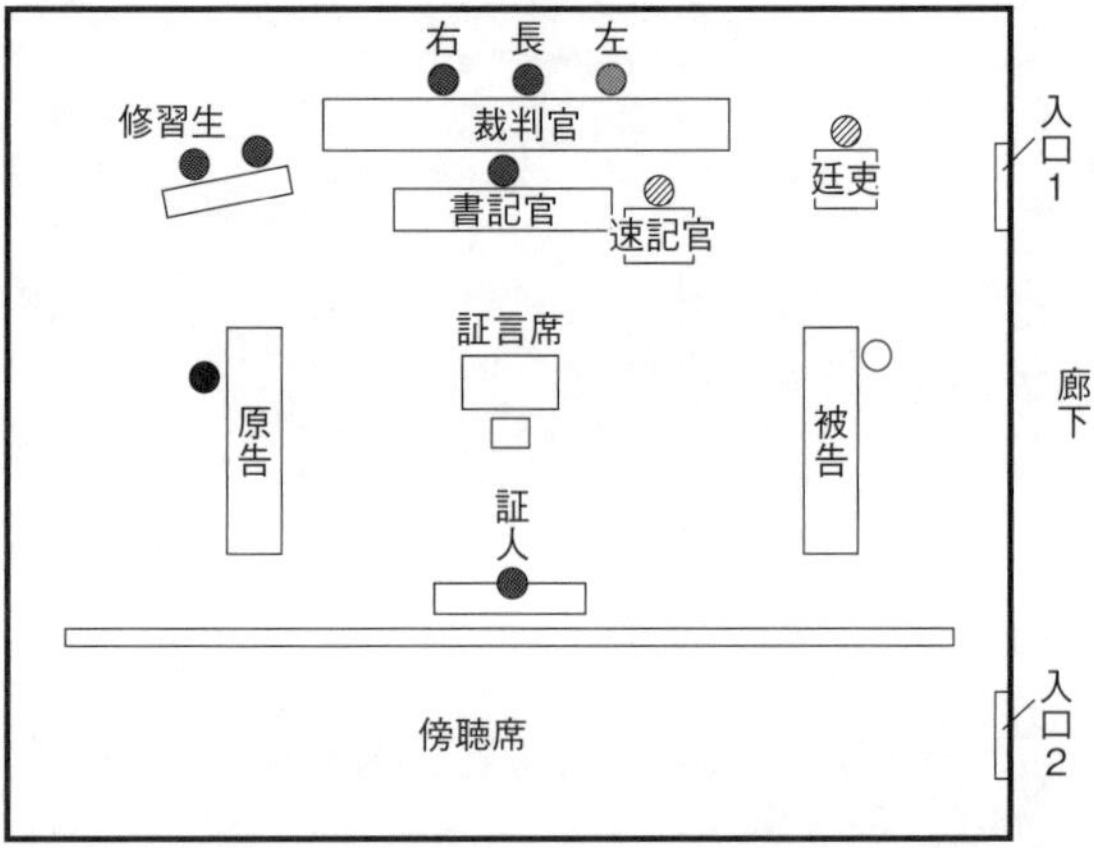

「バーン」と扉を開けて、全員を見下ろす位置に登場します(「降臨式」)。

もっとも、法廷によっては、法壇の後ろが開かず、裏廊下が法壇下のドアにつながっているところもあります。その場合は、見栄えがする降臨式の登場ができません。裁判官は、同じ目線レベルのドアから普通に現れて、あらためて法壇の上に昇ります。

法廷には、一般の入り口が二か所あります。通常、法壇側と傍聴席側にあり、それぞれ、入り口ドアには覗き窓がついています。法廷を傍聴する場合には、中に入る前に、その小窓を通して、廊下か

図2

刑事法廷

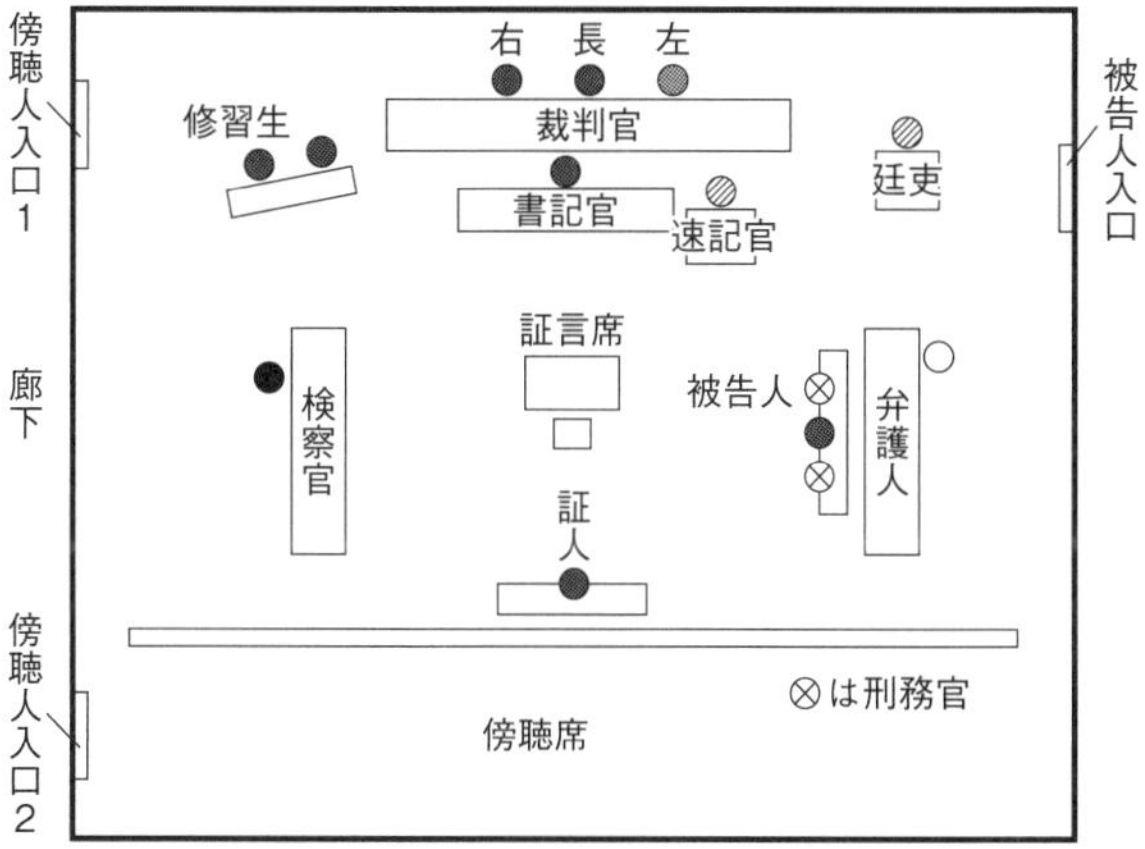

ら中の様子を確認するとよいでしょう。いきなり入ると、傍聴席側ではなくて、裁判官のいる法壇の真横に出てしまい、戸惑うことがあります。とくに、途中から傍聴に入る場合は、それによって裁判が一時中断することもあります。

法廷内の決まり

法廷に危険物などを持ち込めないことや、飲酒酩酊《めいてい》状態で入れないことは当然ですが、二日酔いなどでアルコール臭が残っていても、やはり入場できません。

また、法廷には服装コードがあります。ＴシャツはＯＫですが、ランニングシャツ（下着）はＮＧです。装飾品はＯＫですが、鉢巻きはＮＧです。違反している場合には、入廷禁止命令を受けることがあります。

少し注意を要するのは、飲料水とケータイの写真撮影です。

ペットボトルの水など、つい飲んでしまいがちですが、法廷内ではＮＧです。飲食禁止の一環です。ケータイで写真を撮ることもＮＧです。開廷後はもちろん、裁判官が入廷する前であっても同じです。とくに、ケータイでカシャとやると、データの残ったケータイの処分も含め、大変面倒なことになります。

これらの行為をしてしまった場合は、入廷禁止命令や退廷命令を受けることがあります。そして、それにしたがわない場合には、その場で身柄を拘束されることがあります。また、何日間も身柄を留め置かれるなどの制裁措置を受けることがあります。

裁判官が入廷した際には、起立して迎え、一礼します（全員）。

最近、「君が代」の起立斉唱で拒否騒動が生じましたが、ここでも、「起立一礼などする必要はない」と思う人がいるかもしれません。けれども、法廷で起立しない場合は、起立命令を受けることがあります。そして、起立命令にしたがわないと、先ほど述べたような制裁を受けることがあります。だから、ほとんどすべての人が起立しているわけで、どうしても起立したくない人は裁判傍聴をとりやめるのが無難です。

公開の場としての法廷

裁判は公開の法廷で行うというのが、近代裁判の基本的な考え方です（「裁判の公開」）。そのため、法廷の傍聴席は、一般に開放されます。傍聴席のうち、椅子に白いカバーがかかった席は記者席となっています。世間の注目を集める裁判では、似顔絵が書かれることがありますが、似顔絵師は一般の傍聴席に入って描きます。傍聴人が似顔絵を描いたり、メモをとることは認められています。

裁判の公開は、日本国憲法に定められています。これは、国民の裁判を受ける権利に関係しています。つまり、国民の裁判を受ける権利は、公開の裁判を受ける権利として保障されており、結局、日本国民には、政治権力から独立した公開の裁判を受ける権利があるということになります。

また、裁判の公開は、公権力に対する監視という意味合いも持っています。法廷は、かなりはっきりとした権力行使の場でもあります。とくに、これは、刑事法廷であからさまになります。読者のみなさんが刑事裁判の法廷傍聴に行かれたならば、身柄を拘束された被告人が両手錠で腰縄を打たれて入場する様子を目にすることでしょう。逃走防止のためとはいえ、腰縄の縄尻を刑務官に握られた猿回しにも似た異様な姿に、きっと衝撃を受けるに違いありません。

法学・経済学・社会学の分野で幅広い業績を残したマックス・ウェーバーは、国家権力を「暴力の独占体」と定義しました。いくら、「福祉国家」とか「法治国家」などと言ってみたところで、国家権力（立法・行政・司法）は、つきつめれば、暴力、実力なのです。

法廷は、その原始的な姿があらわになる場でもあります。そのため、常に、国民による監視が必要になります。

弁論の場としての法廷

法廷は、また、互いの主張を戦わせる場でもあります。弁論という武器による、一種の闘技の場と言えます。そこでは、両当事者が勝利を目指して、議論の卓越性を競い、争います。これは、とくに民事法廷で色濃くあらわれます。

もともと、弁論術は、古代ギリシアで、ソクラテス、プラトンによって哲学が成立する以前から存在していました。ポリスの民会で議論の主導権を握るために、説得の技術の重要性が認識され、ソフィストと呼ばれる人々が弁論術を競いました。ソフィストたちが、その弁論術教授の見返りに金銭を要求したことから、彼らは弁護士の祖とみなされています。

このような闘技の場では、いきおい、対立は鋭さを増すことになります。ためにする反論や、常識を外れた詭弁《きべん》の類が飛び交うこともあるでしょう。けれども、それは、法廷における一つの重要なプロセスと考えられます。徹底的に議論を出し尽くすことによって、おのずから正しい方が浮かび上がるというモチーフです。

真相解明の場としての法廷

このように、法廷は、しのぎを削る弁論の場ですが、では、裁判所は、当事者の言い分を見比べて優っている方を採用するだけかと言えば、そうではありません。民事裁判では、当事者間の対立状況そのものにも考察を加え、

「なぜ、そのような対立が生ずるか」

「その対立のあり方は何を意味するか」

などを踏まえて、最終結論を出すことが求められます。

刑事裁判では、ただ罪の有無を認定し、罰を決めるだけではなく、犯罪の社会的背景や人間像（犯人像）を明らかにすることが求められます。

そして、日本の場合、とくに、このような考え方が強いと言えるでしょう。

2　法廷のほかには何がある？

裁判官は普段はどこにいるか

東京地方裁判所や大阪地方裁判所などの大きな裁判所では、いつも、どこかの法廷が開かれていますが、それは、多数の裁判官がいて、入れ代わり立ち代わり裁判をしてい

るからです。裁判官の側から見た場合、自分の法廷があるのは、週に二〜四回です。法廷のある日（開廷日）のほかは、裁判官室にいます。

裁判官室では、大部分の時間を裁判記録を読み、判決や決定を書くことに費やします。裁判官室は、いわゆる「奥の間」のようになっていて、前室に書記官室が位置しています（地方裁判所、高等裁判所の場合）。部外者は、直接、裁判官室に入るのではなく、常に、書記官室を通じて出入りするようになっているわけです。

裁判官室の部屋割りは、通常、合議体のメンバーが単位となり、一か部で一部屋となります。合議体は、裁判長・右陪席・左陪席の三人で構成されるのが普通です。つまり、裁判官には、個室はなく、通常、三名の雑居制です。

結論はどこでどうやって決まるか

単独制（一人制）の事件では、担当裁判官の頭の中だけで結論が決まることになります。文字どおり、いつ、どこで決まるかはわかりません。

合議制の場合は、評議によって決まります。合議体のメンバーが裁判官室で評議することになります。意見が分かれた時は、多数決（過半数）で結論を決めます。

評議は、密室で行われることになっています。また、メンバーには内容を秘密にする義務が課せられています。違反した場合は、懲戒や公《おおやけ》の弾劾《だんがい》（国会による公的非難）の対象になります。

では、なぜ、そこまでマル秘にこだわるのでしょうか。

それは、「司法権の独立」に関係しています。評議に加わる裁判官にとってみれば、自分の意見が公にされてしまうと、外部から批判を受ける事態も生じます。その批判が政治的な観点から行われるならば、当の意見を述べた人をはじめ、裁判官一般が将来的に政治的な影響を受けるおそれが出てきます。そうなると、政治権力の影響を受けずに司法権を行使するという「司法権の独立」がおびやかされることになりかねません。

最も大事であるはずの裁判の結論が密室で決まり、その過程や内容が秘密事項とされ、外部からまったくうかがい知れないというのは、おかしいように思えるかもしれませんが、それには、以上のような理由があります。そして、そこまで神経質になるのは、司法権の独立がそれだけ重要だからなのです。

その結果、法廷と評議の場は厳密に区別されます。法廷は公開ですが、評議は密行です。法廷が評議の場になることはないのです。

そのため、もし法廷で裁判進行中に評議しなければならない事項が生じた時には、裁判を中断して、裁判官室に引き返して評議します。また、そのような事態に備えて、法廷の構造上、法壇の後ろの開き扉の裏に、「合議室」と呼ばれる小部屋が用意されているところもあります。その場合は、裏の合議室に引っ込み、表側に聞こえないよう小声で評議します。

法廷外の裁判手続

「裁判は公開の法廷で行う」という基本的な考え方については、前に触れました。

それは、判決言い渡しや主張のやり取りをする日など、裁判の重要な場面についてはは公開を要するという原則です。裁判手続のすべてが公開法廷で行われなければならないわけではありません。準備的手続や和解などは、ことの性質上、法廷外で行われます。

それら以外でも、法廷外で行われる裁判の手続は、実際には、かなりあります。

たとえば、逮捕状や家宅捜索状を出すかどうか（「捜査令状の審査」）、逮捕された者を引き続き身柄拘束するかどうか（「勾留《こうりゅう》質問手続」）などもそうです。捜査令状の審査は裁判官室、勾留質問手続は勾留質問室（という裁判所内の小部屋）で実施されます。

また、家庭裁判所の場合は、その手続の多くが公開法廷では行われません。これは、家庭裁判所自体の特性にかかわります（家庭裁判所の特殊性については、第三章で詳しく述べます）。

3 裁判官ってどんな人たち？

裁判官と言えば、固く法を守る四角四面の人物像が思い浮かぶことでしょう。実際、終戦直後には、ヤミ米を食べずに餓死《がし》した裁判官がいました。

山口良忠判事は、三〇代前半の中堅裁判官でしたが、東京地方裁判所刑事部で食糧管理法下のヤミ米事件を裁く立場になったことで、自分だけはヤミ米を口にしないという決意を固めます。食糧管理法（「食管法」）は、食糧の安定的供給を目的とした法律ですが、戦後の食糧難の時代には配給制を確立するために用いられ、ヤミ物資の流通に対して罰則が科されていました。わずかな配給の食糧だけでは体力が持つはずもなく、山口判事は病床に就くようになります。その後も、ヤミ米拒食を続け、「食管法は悪法だが、法律のためには自分は喜んで餓死する」との手記を残して、一九四七年に栄養失調死しました。あとには、二〇代の妻と幼い子供二人が残されました。

ここでは、このような人物を生む「裁判官システム」について見ていきましょう。

日本の裁判官はキャリア・システム

日本では、裁判官・検察官・弁護士は、基本的に、共通の資格とされています。いずれも、司法試験に受かって研修（「司法修習」）を終えた人たちです。三者は、一つの法曹資格として一元化されています。

けれども、司法修習を終えた後は、裁判官・検察官・弁護士は、最初から、それぞれの道を歩みます。裁判官になる人は、司法修習を終えて、すぐに任官し、その後、ずっと裁判官として務めるのが普通です。裁判官・検察官・弁護士の間が流動的に一元化されているわけではありません。

アメリカなどでは、弁護士として経験を積んだ人が裁判官や検察官になりますが、日本では、そのようにはなっていません。

つまり、日本の法曹制度は、本当の意味での「法曹一元」ではなく、むしろ、裁判官は「キャリア・システム」（官僚制）に近いと言えます。検察官も同じです。

そのため、いまだに、日本の裁判官には、「司法官僚」という色彩が残っています。

裁判長・右陪席・左陪席の順序

裁判は、合議体で行われる場合と一人で行う場合があることは、すでに述べました。合議体は、通常、裁判長・右陪席・左陪席の三人で構成されます（陪席の右・左は、中央の裁判長から見て言います）。

東京地方裁判所で言えば、裁判長は経験三〇年前後、右陪席は五年〜一〇年前後、左陪席は最も経験年数が短くて一年目の人も少なくありません。

ただ、事件の主任裁判官は、一番経験が少ない左陪席が務めます。これは、裁判長や右陪席は、合議法廷だけでなく、それぞれ単独法廷も掛け持ちしており、合議法廷に集中できるのが左陪席だけだからです。主任裁判官は、裁判の進行計画を立て、判決を起案します。

結論を決める評議では、実経験年数を反映して、裁判長が圧倒的な影響力を持ちます。

裁判官の女性比率

日本では、裁判官の女性比率は、とても高くて、簡易裁判所を除く裁判官全体のうち、二三・六パーセントを占めています（二〇一五年一二月一日現在）。

もちろん、女性の最高裁判所判事もいれば、高等裁判所長官もいます。

法服を着ない裁判官たち

裁判官の中には、まったく法廷にも出なければ、裁判もしないという人たちもいます。最高裁判所事務総局、最高裁判所司法研修所に勤務する裁判官などです。

そして、これらのポジションは、裁判所内部のいわゆる出世コースになっています。

とくに、最高裁判所事務総局は、もともとは、事務仕事をする部局で、裁判をサポートするのが役割なのですが、実際には、裁判の現場を間接的にコントロールするまでに肥大化しています（詳しくは第三章）。

裁判官の給料はどれくらい？

裁判官の給料（「報酬」）は憲法で保障されています。実際には、どのくらいになっているのでしょうか。

裁判官の初任給（二五、二六歳）は諸手当を含めると、年収五〇〇万円を超えています。五年目で七〇〇万円を超えます。会社員や公務員一般と比べて、かなり恵まれていると言えるでしょう。

では、これは、高すぎるでしょうか。

裁判官の日常はと言えば、週に二〜四日は法廷で過ごし、他の日には、随時、法廷外での処理事件が入ってきます。夜中や土・日・祝日も仕事しなければ、手持ち事件の判決を書き切ることは到底できません。また、地方裁判所では民事・刑事を問わず、当番制で夜間の捜査令状の処理に当たっています。逃亡しようとする被疑者の逮捕などは時間を問いませんから、夜間から早朝にかけて対応できる態勢を一日も欠かさずにとっておく必要があるわけです。

けれども、裁判官には、残業手当、休日手当、夜間手当などは、ありません。また、いま述べたような処理態勢のため、裁判官は、勤務する各地方裁判所の所在地に居住する義務があり、任地を離れることも許されていません。

4　裁判官以外の裁判所にいる人たち

書記官と事務官

裁判所には、裁判官のほかにも多数の職員がいます。

まず、法廷の見取り図にも出てきた書記官がいます。書記官の仕事は、裁判記録の作成、整理、管理などです。裁判では、記録が非常に重要になります。裁判所職員の職務の中で、書記官の仕事は、裁判官に次いで大事と言えるでしょう。

また、事務仕事をする職員として、事務官がいます。

書記官は裁判事務に携わる職員ですが、事務官は裁判事務以外の一般事務に携わる職員です。

速記官、執行官、廷吏、法廷警備員

裁判事務に携わる職員には、速記官もいます。法廷の証言などを正確に記録する専門職です。ただ、最近では、時代の流れで、録音テープで対処することが多くなっており、速記官の数は減っています。いまは、法廷録音を外部の委託業者に渡してテープおこしをさせるのが主流です。

執行官という職もあります。主として民事裁判の執行（強制的実現）に携わる人たちです。地方裁判所には、執行官室という部屋があって、そこに詰めています。執行官は、裁判所の職員のうちでは特殊で、公務員でありながら、公給をもらうのではなく、当事者から手数料をとって収入としています。

廷吏と呼ばれる職もあります。廷吏とは、法廷で裁判官の手足となって用を足す係です。法廷の見取り図にも出てきました。廷吏には事務官が当てられるのが普通です。その意味では、独立の職種というよりは、係の名前に近いものです。

法廷には、法廷警備員が入ることもあります。ただ、これも、警備が必要なときに、その都度、事務官が当てられることになっています。法廷警備員を命ぜられた事務官は、同時に廷吏にもなります。

家庭裁判所調査官と調停委員

家庭裁判所は、家庭内の事件や少年事件を扱い、家族関係の円満を図り、少年の健全な育成を図るという特別の役割を担っています。そのために、家庭裁判所調査官や調停委員がいます。

家庭内の事件については、まずは、調停委員によって、おだやかな雰囲気のもとに話し合いによる円満解決が試みられます。家庭裁判所の調停委員は、一般から広く選ばれます。弁護士・公認会計士・税理士・不動産鑑定士などの専門的職業人のほか、会社員や会社役員なども多く、大学教授や宗教家もいます。

また、少年事件では、家庭裁判所調査官が活躍しています。少年事件の場合、家庭環境、学校生活などの環境的要因や、障害や病歴などの資質的要因を探ることが不可欠です。心理学や精神分析などの専門的知見に基づき、これらの要因を調査し、裁判官の審判に役立てます。

各種委員と審判員、そして裁判員

裁判所には、非常勤の委員もいます。医事関係や知的財産権関係の専門委員のほか、一般市民の委員も少なくありません。

たとえば、司法委員の制度があります。司法委員は、簡易裁判所の民事事件について審理に立ち会って参考意見を述べ、和解を補助します。

労働審判員の制度もあります。これは、二〇〇六年から労使間の紛争解決のために導入された制度で、労働審判員は、裁判官とともに労働審判委員会を構成し、事件の解決に当たります。労働者側と使用者側、それぞれの出身者が労働審判員に選ばれます。

そして、二〇〇九年、裁判員制度が開始されました。これによって、市民が重大な刑事事件の裁判に参加し、裁判官と変わらない権限を持って判決に関与することになりました。この制度のもとでは、ほとんどすべての市民が対象となります。裁判員は、毎年、選挙人名簿の無作為抽選で候補者が選出されたうえ、その中から裁判所での面接を通して最終的に選任されます。まさに、徹底した民主主義的ルールに基づく市民参加の制度になっています。

市民代表としての意味合いを持つ裁判員によって、刑事裁判の中に市民感覚が生かされることになりました。

コラム2　意外に多彩な裁判官の素顔

前に、ヤミ米を食べずに餓死した山口良忠判事のことが出てきました。そこまでいかなくとも、裁判官は高い倫理や道徳観念を持ち合わせているに違いないと、一般には思われているのではないでしょうか。裁判官のイメージは、法と結びつくために、どうしても、硬直した一面的なものになりがちです。

けれども、実像はそうでもありません。盗賊判事、花札《はなふだ》判事、悪漢《あっかん》判事、酔いどれ暴力判事、酔いどれ暴言判事など、けっこう多彩です。

古くは、盗賊判事がいました。無期徒刑囚《むきとけいしゅう》（無期懲役受刑者）が脱獄して、別人になりすまし、刑事裁判官となっていたものです。盗賊判事は、戸籍を誤魔化して、裁判所に雇われ、次々に登用試験にパス、犯罪や服役などで寄り道をしなかったのとほぼ同じ年齢（二五歳）で任官し、管内では優秀な若手裁判官として注目されていました。任地が出身地にほど近く、刑事裁判担当だったことで、昔を知る盗人仲間などが騒ぎ出し、発覚しました。

それから、花札判事こと、児島惟謙がいます。「児島惟謙《こじまこれかた》」という名前に聞き憶えはないでしょうか。そう、前章で出てきた「司法権の独立」の大津事件の大審院長です。花札判事こと、児島惟謙に対する疑惑は、警官に見張りをさせて待合で芸妓《げいぎ》などと花札賭博を繰り返していたというものでした。芸妓たちの証言もありましたが、児島大審院長は、花札に興じていたことは認めたものの、金銭を賭けていたことは頑強に否定し続け（「褒美《ほうび》を与えただけ」などと主張）、とうとう懲戒裁判から逃げ切りました。政府筋からの辞職勧告に対しても、「政治権力による圧力だ」などとして、はねつけました。

さらに、悪漢判事がいます。こちらは、多数の事件についてわいろをとっていた控訴院判事（現在の高等裁判所判事）でした。博徒の親分の傷害致死事件を正当防衛で無罪とするなど、「何とかの沙汰も金次第」の裁判を続け、わいろを要求して断った被告人に対しては、変名で控訴院長あてに「被告人○○は、わいろ工作を繰り広げている」などという書状を送りつけていました。私腹を肥やして花柳界で派手に遊び回っており、「悪漢判事」の評判は地元では有名でした。悪行が露見して刑事法廷に立たされますが、法廷では「自分は、よく学び、よく遊びを実践しただけだ」などと申し立てました。

以上は、いずれも、古い時代の話です。が、現代でも、あまり改まってはいません。一九八〇年代には、酔いどれ暴力判事、酔いどれ暴言判事が相次いで出現しています。

酔いどれ暴力判事は、出張時に酔っぱらって宿泊先のビジネスホテルに帰り、自分の部屋がわからなくなって別の部屋に次々に入ろうとして、騒ぎを起こします。駆けつけた警備員を、「柔道を教えてやる」などと言って投げ飛ばし、騒ぎに気づいて出てきた他の宿泊者に対しては足払いをかけて転倒させるなど、暴れ回りました。

酔いどれ暴言判事のほうは、酔っぱらって現場検証に出かけ、訴訟当事者本人に対して「素人は黙っていろ」「口出しするな、バカ」などの暴言を吐き、怒った当事者本人が問題にしたため、週刊誌などが取り上げる事態となりました。酔いどれ暴言判事は取材に対しても、「酒を飲んでも裁判はできる」「裁判官だからといって、酒も気兼ねなく飲めんようなら、やりきれない」などの迷言（名言？）を吐き、良識ある人々の顰蹙《ひんしゅく》を買いました。同時に、世間から一定の支持を得た（ように思います）。

このように、裁判官にも、楽しい、いや違う、おもしろい、じゃなくて、少し変わった人たちもいます。

死を覚悟してヤミ米を食べなかった山口良忠判事は、たしかに立派ですが、立派すぎる人ばかりというのも、どこか不自然なものです。

以上のほか、万引きや異性関係などのいわゆる「不祥事」の類も、ここには挙げきれないくらいあります。日本の裁判官の多くは、善きにつけ悪《あ》しきにつけ、血の通った普通の人であり、それは、とっくに実証済みなのです。

第三章　裁判所にはどんな種類があるか

1 「最高、高等、地方、簡易」——縦の関係

各県の地方裁判所と八つの高等裁判所

私たちにとって、最も関係が深い裁判所は、それぞれの地方にある地方裁判所（地裁）でしょう。私たち国民が裁判を起こそうとする場合、あるいは裁判で訴えられる場合、まず、地裁が関係します。第一審として、民事事件・刑事事件を審理するのは、各地の地裁なのです。

地方裁判所は、都道府県に一つずつ置かれています。所在地は県庁所在地と決められており、名前も、それぞれの県庁所在の都市名をつけることになっています。たとえば、神奈川県の場合は横浜地裁、宮城県の場合は仙台地裁、群馬県なら前橋地裁、栃木県な

ら宇都宮地裁、山梨県は甲府地裁、兵庫県は神戸地裁、石川県は金沢地裁、島根県は松江地裁、香川県は高松地裁、沖縄県は那覇地裁……という具合です。ただ、広大な北海道だけは、県庁所在地の札幌地方裁判所のほかに、函館、旭川、釧路にも地方裁判所があり、四庁体制となっています。その結果、地裁は、全国で五〇庁となっています。

地方裁判所よりも、もう一つ上の裁判所として登場するのが、高等裁判所（高裁）です。高裁は、八つしかなく、東京、大阪、名古屋、広島、福岡、仙台、札幌、高松の各高裁になります。

その上は最高裁判所（最高裁）で、もちろん、これは一つしかなく、首都・東京に置かれています。

以上のほかに、地方裁判所の下に簡易裁判所（簡裁）があって、そこでは、少額の民事事件や軽微な刑事事件を扱います。先ほど述べたように、民事事件も刑事事件も、地方裁判所が第一審として裁くことになっていますが、少額の民事事件や軽微な刑事事件については、地方裁判所の権限からはずされて簡裁に移されているわけです。

簡易裁判所の数はとても多く、全国津々浦々にあり、全部で四三九庁に上ります（二〇一五年七月現在)。

三審制の審級図

日本の裁判制度は、三審制度を基本にしています。

三審制とは、第一審の判決で結論を確定させてしまうのではなく、不服がある場合には、再度の審理を求めることができ(「控訴」)、さらに、それに不服がある場合にはもう一度審理を求めることができる(「上告」)という制度のことです。

三審制は、基本的に、「地裁→高裁→最高裁」の流れを想定しています。第一審判決である地裁の判決に不服であれば高裁に控訴し、その高裁の判決にも不服であれば最高裁に上告するという流れです。

これが原則ですが、簡易裁判所が扱う、少額の民事事件や軽微な刑事事件については、別になります。

先ほど、裁判所の縦の関係は、「最高裁―高裁―地裁」に簡易裁判所がつけ加わって、「最高裁―高裁―地裁―簡裁」となっていることを見ました。少額の民事事件や軽微な

図3

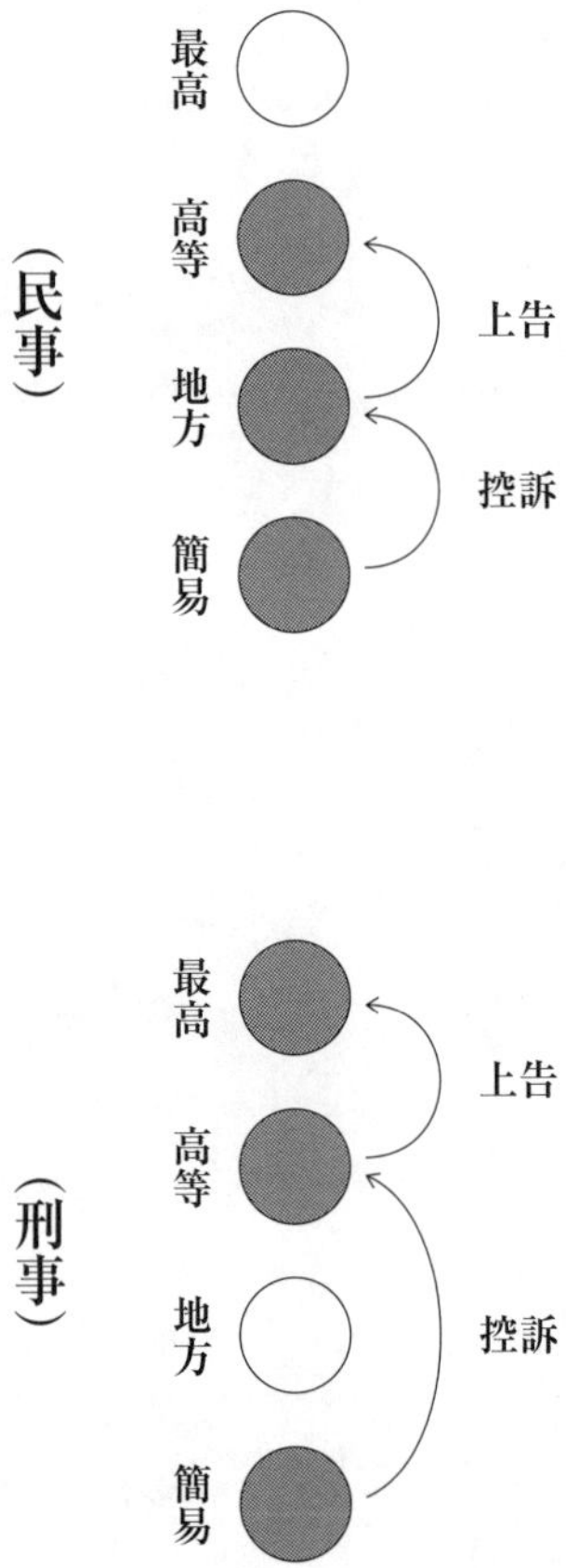

刑事事件については、四階級制になっているわけです。その四階級の中で、三審制が、「飛び石」的に、どのように実施されるかは、図3のとおりです。

この審級図でわかるとおり、民事（少額の民事事件）と刑事（軽微な刑事事件）では、異なる「飛び石」ルートをとります。

民事は最高裁まで行きつきませんが、刑事は最高裁への上告が保障されています。刑事事件で刑罰を科されることは、国民にとって重大事ですから、そのことが、軽微な刑事事件の三審制のルートにも反映されています。その結果、民事・刑事で違いが生じます。

三審制とは裁判を三回やり直すこと?

日本の裁判制度は、三審制度を基本にしていますが、三審制の意味については、少し注意を要します。それは、裁判のやり直しをして、都合三回裁判を受けられることかと言えば、そうではありません。

第一審の判決があると、二回目の控訴審では、やり直しをするのではなくて、第一審で出された証拠をそのまま裁判の基礎にして判断します。当事者は、それに新しい証拠をつけ加えることができるだけです。ですから、第一審の判決を覆すことは容易ではありません。

三回目の上告審では、制限はもっと厳しくなって、もはや新しい証拠をつけ加えることができない建前になっています。つまり、事実の取り調べはしないのです(「法律審」)。事後的に見て、その前の判断が間違っているかどうかをチェックするだけです(「事後審」)。加えて、そもそも、上告は、憲法違反などの限られた場合にしかできないことになっています(「上告理由」の限定)。

このように、日本の三審制は、三回トライアルを許すという制度ではなく、いわば、ピラミッド型の審級制なのです。その結果、一般的に言って、第一審の判決が変わる可能性は大きくありません。当事者からすれば、第一審が勝負どころになり、第一審で力を出し切らないといけないわけです。その意味で、日本の裁判の現状は、第一審中心主義(地裁中心主義)です。裁判所の組織面でも、地方裁判所が主力となっています。

また、三審制とはいっても、すでに述べたように、事実の取り調べをする最終の段階は控訴審であり、そのうえ、最高裁へ上告できる場合は著しく限られています。つまり、実質的には、二審制に近いのです。ここから、多くの事件で最終となる高等裁判所は、大変な重みをもっています。

最高裁判所の役割——司法の流動性

では、このような状況の中で、最高裁が「最高」裁判所であるゆえんは、どこにあるのでしょうか。

まず、憲法判断があります。日本では、最高裁判所だけでなく、下級審裁判所（高裁、地裁）も、必要があれば、憲法判断をすることができます。けれども、憲法問題ほどの大問題が下級審限りで確定することは、まず考えられません。憲法違反を主張する当事者の立場からすれば、「最高裁の判断を求めたい」となるのが、自然の成り行きです。このような観点からも、前記のとおり、憲法違反は上告理由の一つとされています。

次に、従来の裁判所の考え方をあらためる場合（「判例変更」など）があります。

もともと、裁判所の判断は、全体として、できるだけブレが少なくなるような仕組みになっています。

通常、下級審裁判所は、最高裁の判例（過去の判決例）を尊重して事件を処理します。のみならず、地方裁判所であれば、高等裁判所の判例に対しても、同じ姿勢をとります。さらには、同じ審級の裁判所相互の間においても、そうです。たとえば、横浜地裁で判決するのであれば、東京地裁やその他の地裁の類似事件の判例を参照し、それと矛盾しないように結論を出します。以上によって、法の統一的解釈や一体的運用が実現し、裁判を受ける者の公平が確保されます（「法的安定性」）。

　ところが、このシステムでは、大きな時代の変化についていけないおそれがあります。時代は移り変わるのに、上記のようなシステムをいつまでも繰り返しているだけでは、社会のニーズに応えられなくなることは明らかです。

　ここから、最高裁判所には、マクロ的な観点から時代の流れを読み、みずから過去の判決例や考え方を見直し、社会の動きに合わせて裁判実務を変更していくことが求められます。これは、長期的な展望に立ってシステムを更新するという役割です。まさに、最高裁にしかできないことと言えるでしょう。

　最近の例では、光市《ひかりし》事件の最高裁判決（二〇〇六年）がありました。この事件では、一審、二審とも無期懲役の結論でしたが、最高裁は、下級審の結論を破棄してやり直しを命じ、結局、死刑が確定しました。光市事件は、犯人の少年が性的な動機から、白昼、平和な家庭に侵入して主婦と赤ん坊を殺害した重大事件でした。被害母子の夫であり父親である遺族は、強く死刑を求めていました。けれども、死刑については、長年の判例の集積によって裁判所が形成してきた基準があり、当時の死刑の基準からすると、死刑判決はできない事案でした。そのため、一審、二審とも無期懲役の結論をとるほかありませんでした。死刑の適用基準も時代の変化につれて変わってよいはずですが、下級審限りの判断で基準を変えることは、法的安定性を著しく害するため、最高裁の判断によるほかなかったわけです。

光市事件で死刑の結論がよかったかどうかは別ですが、最高裁の役割が明確に出た事件でした。

最高裁判所判事にはどういう人がなるか

このように、最高裁には時代を見すえ、裁判実務を変えていく役割があります。そのため、下級審裁判所とは違って、職業裁判官（専門的裁判官）だけで構成するのは適切ではありません。広い視野を確保するために、裁判以外の分野から人材を招き入れる必要があります。

この観点から、最高裁判事（長官を含め、一五名）は、だいたい、次のような構成になっています。高等裁判所長官など職業裁判官から六名、弁護士・検察官から六名、その他三名で、「その他」は、大学教授、外交官、行政官などです。

また、歴代長官一八名のうち、五名は、職業裁判官以外から就任しています。

最高裁事務総局とは何か

裁判所の組織を理解するうえで、事務局について触れないわけにはいきません。

裁判所である以上、もちろん、裁判をする裁判部が主体なのですが、事務仕事をする部局もあります。それが事務局ですが、最高裁の場合は、とくに事務総局（「最高裁判所事務総局」、「総局」）と呼ばれます。

会社であれ何であれ、諸々《もろもろ》の雑務を処理する部署が必要になります。それは、どの組織でも同じなのですが、裁判所の場合、事務局の実態は極めて特殊です。

フランツ・カフカの『審判』にも、裁判所事務局が登場します。カフカは、次のように描写しています。

裁判所事務局は、ほとんどの人に気づかれることなく、裁判所の片隅に存在していますす。みすぼらしい屋根裏部屋のような部局ですが、実は、隠然たる力を持っていて、裁判を裏から差配しています。そこの事務局長ともなれば、裁判長をはるかにしのぐ陰の実力者です。裁判所事務局長には、部外者は会うこともかなわないのですが、逆に、何とかして裏から多少の誼《よしみ》を通じておかないと、裁判は、どう転ぶかまったくわかりません。『審判』の主人公は、身に覚えのない嫌疑を晴らそうと懸命に手づるを伝い、知り合いの弁護士の手引きで、内密に裁判所事務局長と面談する機会を得ます。が、その席で思わぬ失敗を犯し、結局、面会は不首尾に終わります。そして、いつの間にか手続が進み、最後は処刑されて幕を閉じます。

日本の裁判所の事務局も、雰囲気は似たようなものです。

最高裁には、庶務をつかさどる部局として最高裁事務総局があります。そこは、建前上は、「庶務をとる部局」となっていますが、会社の庶務課のようなところではなく、下級審の裁判官を管理し、実際の裁判をリードする中枢の部局です。要するに、裁判所の首脳部なのです。戦前の帝国陸軍の参謀本部と同じです。

なぜ、こうなるのでしょうか。

まず、言えることは、最高裁事務総局は下級審の裁判官の人事権を掌握していることです。次に、最高裁事務総局が裁判のための参考資料を発行、提供していることが挙げられます。下級審の裁判官は、これを参考に裁判することになるのです。刊行される資料は、多大な労力と詳細な調査に基づいており、法律実務家にとっては、法律学の学説以上の参照価値を持っています。

また、最高裁事務総局自体が裁判所内のエリートコースになっていることもあります。最高裁事務総局の主要ポストは、すべて裁判官によって占められており、そこに配属されるのは裁判実務においても優秀と目されている人たちです。そして、総局勤務を経験した人たちだけが、大きな地裁の所長や高裁の長官になっていくのです。事務総局の長である最高裁事務総長ともなれば、その後、ほとんどが最高裁判事になります。

このような遠隔操作的な総局主導の体制は、統制する側も同じ裁判官だからこそ、かろうじて成り立っていると言えるでしょう。現行の制度上の問題点として、最も批判が多い点でもあります。

ともかく、最高裁には、カフカの『審判』を思い出させるような「最高裁事務総局」なるものがあります。これに対応して、高等裁判所には高裁事務局があり、地方裁判所には地裁事務局があります。

高等裁判所の事務局では、トップの事務局長には、やはり裁判官が就任し、そのポストもエリートコースの一つとなっています。その意味では、最高裁事務総局と多少似た面があります。実態としては、高裁事務局長は、最高裁事務総局の出先的な位置づけです。地方裁判所の場合は、本来の意味の事務局で、事務局長になるのも、裁判官ではなく事務官です。ただし、これは、地方裁判所では統制が弱いことを意味しません。若い裁判官が多い地裁では、最高裁事務総局の垂直的統制のほかに二重統制は必要ないということです。

簡易裁判所の役割

簡易裁判所は、少額の民事事件や軽微な刑事事件などを扱います。これらの事件をできるだけ迅速に処理するのが、その役割です。

日本の現状では、地方裁判所の場合、民事事件は平均八・七か月、刑事事件は平均三・〇か月かかっています（二〇一五年度）。この平均審理期間は、先進諸国の中でも短い方ですが、少額の民事事件などでは、より迅速な対応が求められます。このような国民のニーズに応えるのが簡易裁判所の任務になります。

そのため、裁判手続も裁判官の構成も、簡易化されています。

たとえば、事件は、常に一人の裁判官が単独で処理します。事件処理の体制には、合議制と単独制があることは前に述べましたが、高裁は、必ず合議制（通常三名）で裁判します。地裁では、合議制と単独制の併用となっています。これに対して、簡裁では、迅速な裁判を実現するために、常に単独制となっているわけです。

裁判官の資格も、高裁や地裁とは異なり、法曹資格（司法試験に合格して司法修習を終えたこと）は必要とされません。裁判実務の経験と知識がある者を適宜登用しています。実際には、多くは裁判所書記官出身です。

このような体制によって、簡裁の審理期間は、民事事件は平均二・七か月、刑事事件は平均二・一か月となっています（二〇一五年度）。

特別裁判所の禁止

以上で、裁判所の縦の関係、つまり系列について述べました。

日本国憲法は特別裁判所を禁止しています。特別裁判所とは、この「系列」に関係していません。いま述べた裁判所の系列外に、特定の身分の者や特別の事柄について裁判する別系列の裁判所まがいのものを設けてはならないということを意味します。具体的には、軍法会議や皇室裁判所などが特別裁判所の例です。

この憲法による禁止の意味合いは、「裁判を受ける権利」の観点から見る時、最もよく理解できます。

日本国憲法は、広く裁判を受ける権利を定め、国民一人一人が平等な立場で裁判を受けられることを保障しています。このような観点から見た時、たとえば、皇室裁判所は、国民一人一人が平等な立場で裁判を受けるという点に反しています。

たとえ、皇室裁判所があったとしても、それで司法権の独立や国民一般の利益が損なわれるわけではないかもしれません。一般国民にすれば、皇族の裁判事とは無関係なので、皇室裁判の結果いかんによって国民一般の利益が損なわれるわけではないし、皇室裁判所自体が政治権力から独立して裁判するのであれば、司法権の独立は害されないとも言えます。しかし、それでも、それは禁止されなくてはならないのです。

2 「民事、刑事、家庭裁判所」――横の関係

裁判所の民事部と刑事部

先ほど、第一審中心主義（地裁中心主義）について触れました。その地方裁判所は、おおまかに言って、民事部と刑事部に分かれています。

国家や社会があるかぎり、人々の間で生ずる紛争を解決するため、また、罪を犯した者に罰を科すために、裁判が必要となります。前者の紛争が民事事件で、後者が刑事事件です。そして、民事事件を扱うのが民事部、刑事事件を扱うのが刑事部であり、それぞれ、民事裁判、刑事裁判を行います。

刑事事件では、犯罪の嫌疑をかけられた者が、検察官によって訴追され（「起訴」）、刑事裁判の被告人の立場に立たされます。刑事裁判では、本当に犯罪の事実があったか、事実があるとすれば、どのような刑罰が適切であるかが決められます。これは、国家対

個人の関係です。

他方、民事事件は、多種多様ですが、たとえば、社会生活上、他人から財産的被害をこうむったとすれば、被害者は損害賠償を求めて訴えることができます。訴えた者が原告、訴えられた者は被告となって、民事裁判が開始します。そこでは、加害者に過失があったか、あるとして損害の額はどうかなどが審理されます。刑事事件と同様に裁判になりますが、もともと被害者が許せば終わることですから、これは、あくまで個人対個人の関係です。

民事と刑事の違いとは?

私たちの社会では、様々な人間同士の紛争が生じます。そのため、民事は、実に多種多様です。事件の件数も、刑事の二倍程度あります。実際に民事で多いのは、金銭の貸し借りの問題、職場の問題、不動産の売買や借地・借家に関する問題、欠陥商品や訪問販売に関する問題、交通事故などです。

これに対して、刑事は、「罪と罰」に関係し、それは刑事法典に定められていますから、おのずから限定的です。刑事法典に罪として定められていないのに、国民が罰せられるということはありません。これを「罪刑法定主義《ざいけいほうていしゅぎ》」と言っています。

民事・刑事の区別が必要なのは、裁判のあり方自体に違いをもたらすからです。

刑事裁判では、被告人の立場からすれば、犯罪者と決めつけられてしまうかどうかですから、当然、厳格な証拠による厳密な立証が求められます。それが十分でない場合は、「疑わしきは罰せず」の大原則により、無罪とされなければなりません。

そのため、まず、証拠が厳選されます。伝聞証拠などは、原則的に排除されます。次に、検察官には完璧に近い立証が求められ、最終的に、ほぼ犯人に間違いないという確証が必要になります（「合理的な疑いを超える」心証）。

これに対して、民事裁判では、いずれにしても、どちらかを勝たせるわけですから、どちらにも偏《かたよ》らない裁判をすることが目標になります。

そのため、民事裁判では、証拠にできるものに、とくに制限を設けていません。偏らない裁判をするには、まず、十分な情報量を確保することが必要だからです。そのうえで、原告と被告のどちらの証拠が総合力で優るかを両者の比較において見極めることになります（「証拠の優劣」）。どちらかに立証上の荷重をかけることは許されません。

また、民事事件は、もともと話し合いで解決することもできるため、和解を勧告して妥結案を出すことも裁判所民事部の重要な仕事になります。

歴史的には、古くは民事・刑事は未分化で、それが区別されるようになったのは、市民社会の成立に対応していると言われます。近代社会が成立して、個人が国家に対して市民としての立場を自覚するようになったことの一つのあかしとされています。

そのような背景もあって、単一の出来事でも、あえて民事と刑事に分けて、双方の側面から分析するというのが近代的な裁判のあり方になっています。たとえば、人の物を盗んで売り払ってしまったような場合には、窃盗罪で刑事裁判を受け、損害賠償の民事裁判を起こされるという具合です。

行政裁判所とは何か

私たちの社会で生起する法律的紛争には、民事事件や刑事事件のほかに、行政事件と呼ばれるカテゴリーがあります。行政事件とは、官庁の行政処分などによって国民の利益が損なわれた場合を総称しますが、このような場合は、私人間《しじんかん》の紛争である民事事件や、犯罪の処理としての刑事事件とは明らかに色合いが違っています。

行政事件については、そもそも、それが司法権と行政権のどちらの範囲の事柄なのかが問題となります。行政に関する事案であり、行政処分などの結果である以上、事柄自体は行政の延長と見ることもできるからです。そのように考える場合は、行政事件を扱うのは行政府であるということになり、事件の裁判も行政府が行うという見解が成り立ち得ます。その場合に、裁判を行うことになる行政府（行政機関）を行政裁判所と言います。

大日本帝国憲法は、このような見解をとっていて、行政事件の裁判は通常裁判所が行うのではなく、行政裁判所が行うと定めていました。

行政裁判所という言葉そのものが、行政なのか裁判所なのかよくわからない変な感じのする用語ですが、第一章で出てきた「裁判権」と「司法権」の違いを思い出してもらえれば、多少は理解しやすいかもしれません。そこでは、「司法権＝裁判所」であるけれども、裁判権は常に裁判所に結びつくわけではないということが出てきました。行政裁判所をめぐる問題も、その不一致の一場面と言えます。

行政裁判所という言葉は、近現代においても、なお行政府が裁判権を持つことを示しています。ですから、この場合、「行政裁判所」とは言っていますが、「裁判所」の点は名ばかりと言ってもよいでしょう（「行政事件の裁判権は行政府が持つ」→「行政府が裁判するることになる」→「裁判をする行政機関のネーミングが問題になる」→「それを行政裁判所と名づけた」）。

以上に対して、行政に関する事柄であっても、国民の利益が損なわれたかどうかという形で事件化した時には、もはや当初の延長ではなく新たな段階であり、その解決は司法の分野に属すると見ることもできます。日本国憲法は、このような見地に立って、行政裁判所の存在自体を認めませんでした。

ここには、歴史的な背景もかかわっています。

本書の第一章で、近代になって、国家の公権力のうちで司法権が独立してきたという話をしました。それまでは国王や封建領主が課税権などとともに裁判権を持っていましたが、一七世紀から一八世紀にかけて裁判をする権限だけが他の権限から分かれてきま

図4

「行政裁判所制度」

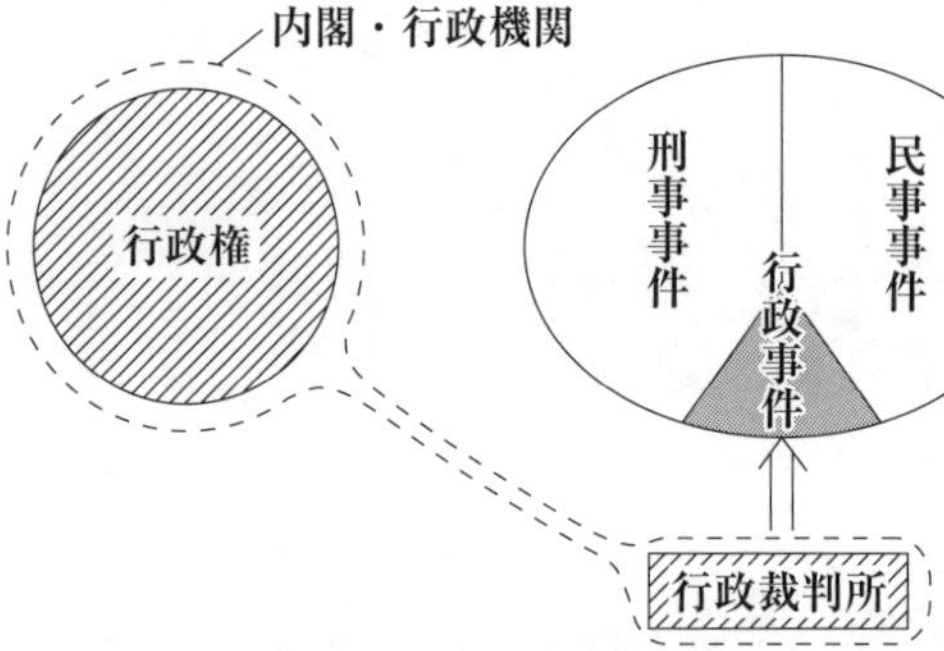

「司法権の範囲」

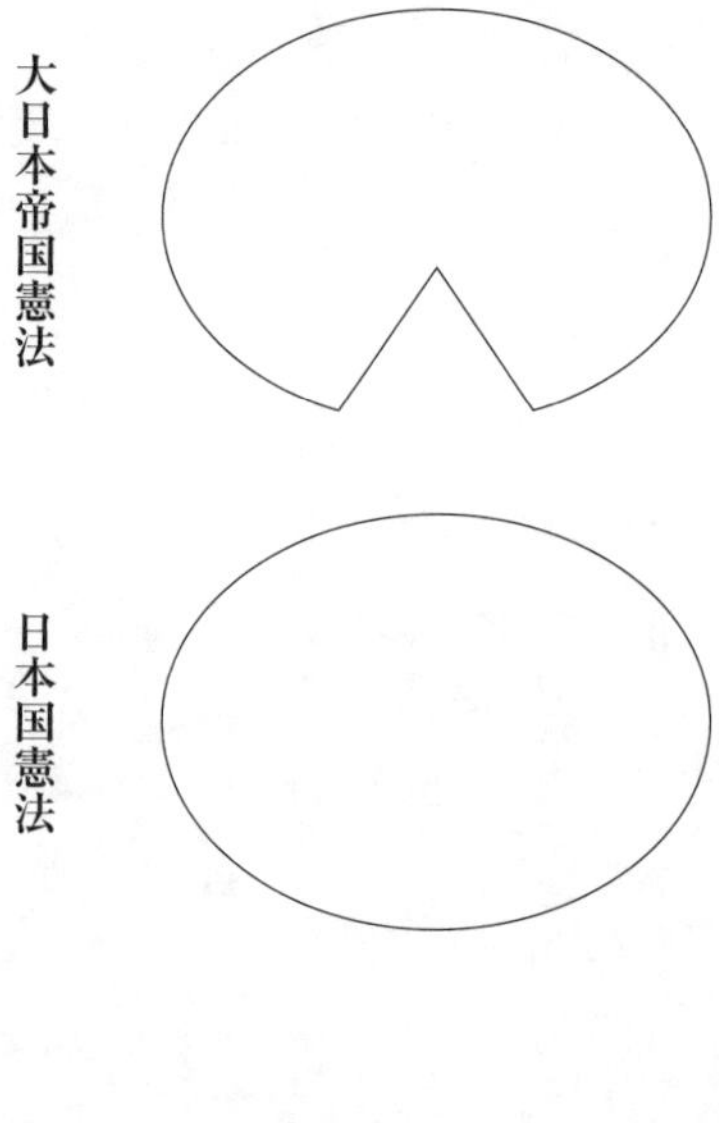

行政裁判所制度を認める場合・認めない場合と司法権の範囲

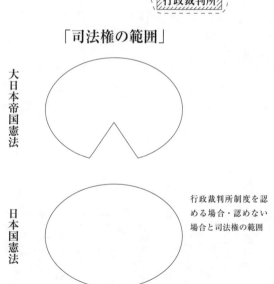

す。日本では、一九世紀半ば過ぎまで「遠山の金さん」や「大岡越前」などのお奉行が裁判していたのが、明治維新とともに急転直下、司法権を他の権力から分離して裁判所を作ったことにも触れました。

その「近代になって国家の公権力のうちで司法権が他の権力から独立してくる」際に、民事事件・刑事事件については、すんなり分離したけれども、行政事件については、問題を残したわけです。言ってみれば、行政と司法との間で、どちらがその権限をとるかという綱引きがあったということです。

そして、以上の二つの観点にも増して重要なのが、日本国憲法が、大日本帝国憲法とは違って、行政事件の裁判は司法権に属するとした実質的な理由です。それには、ここでも、国民の「裁判を受ける権利」という観点がかかわります。裁判を受ける側の立場からすれば、行政の一つとして処理されるよりは司法の分野で司法権独立のもとで処理された方が良いに決まっているからです。それゆえ、日本国憲法は、行政裁判所の存在を認めなかったのです（現在では、行政事件は裁判所民事部によって処理されています）。

図5

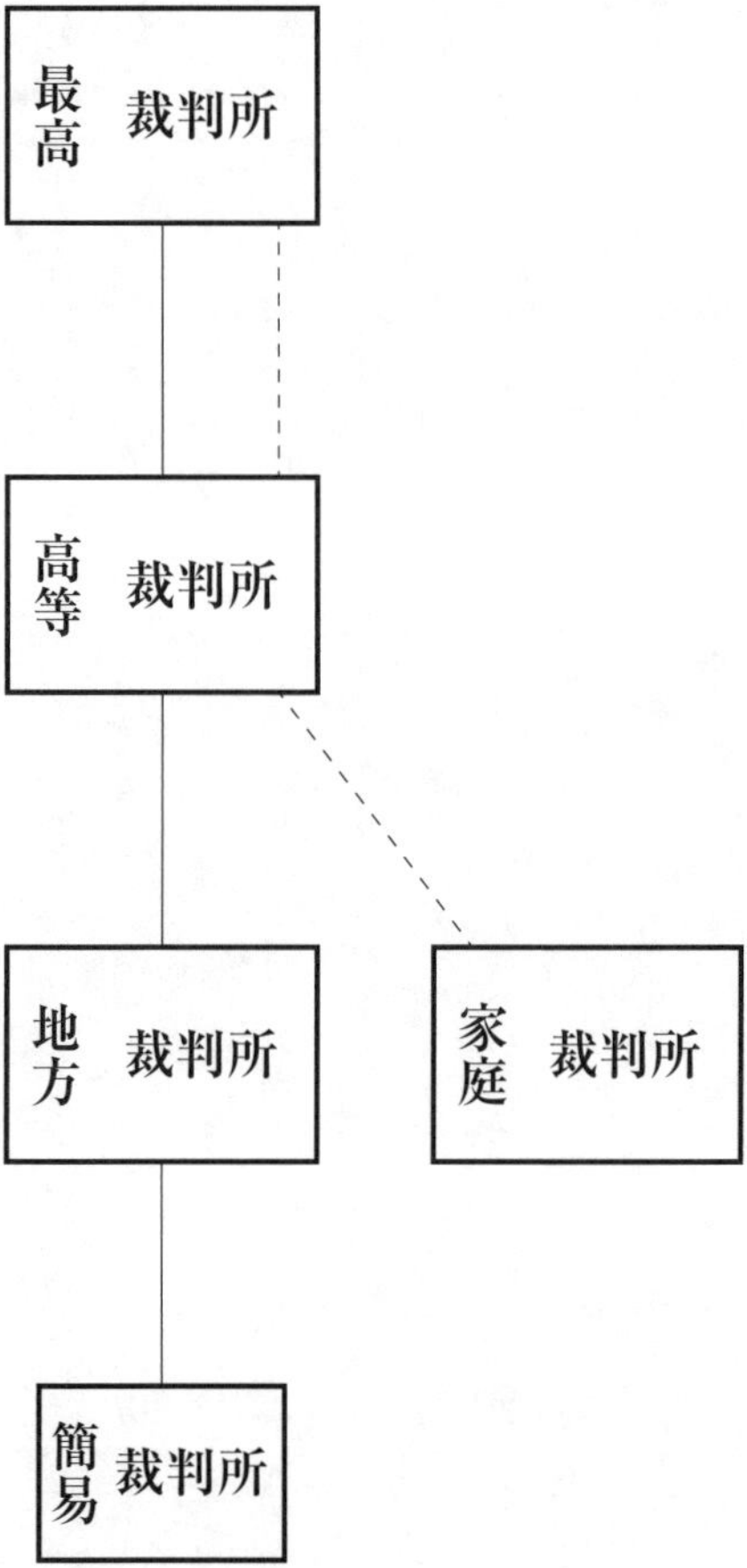

特殊な家庭裁判所の位置づけ

いま、行政裁判所のことが出てきましたが、「行政裁判所」などと言われても、「聞いたことがない」「初耳だ」という読者の方々が少なくなかったのではないかと思います。

他方、「家庭裁判所」は、多くの人が一度は耳にしたことがあるでしょう。家庭裁判所の方は、人々の頭の中に違和感なく溶け込んでいるに違いありません。

ところが、実は、家庭裁判所は、裁判所としては非常に異色です。裁判所の組織図（図5）を見てもらえればわかるように、家庭裁判所（家裁）は、「最高裁判所—高等裁判所—地方裁判所—簡易裁判所」という系統から、そこだけ横に出っ張って位置しています。

時間軸で見ても、家裁は、戦後になって発足した新しい裁判所です。

では、家裁は、何をするところなのかと言えば、家庭内の事件と少年事件を扱うところです。家庭内の事件は、正式には「家事事件、人事訴訟事件」と呼ばれ、離婚問題、相続問題、親権をめぐる問題、養子の問題などがあります。ここで言う「家事」とは家庭に関する事柄、「人事」とは世帯などの身分に関する事柄のことで、通常の意味とは異なります。

少年事件は、非行少年や罪を犯した少年の事件です。そういう少年たちをどう更生させるかというテーマのもとに、家庭環境や学校生活歴などを調査したうえ、刑事処分を受けさせるのがよいか、少年院に送るのがよいか、保護観察にするのがよいか、あるいは、そのまま家に帰してよいかなどを決めます。刑事処分を受けさせるのがよいと判断した場合には、検察官に送り返して（「逆送」）、地方裁判所の刑事部に委ねます。

家庭内の事件と少年事件という二つのカテゴリーは、地方裁判所の民事・刑事に対応しています。家庭裁判所では、家事部と少年部に分かれますが、民事系統が家庭内の事件を扱う家事部、刑事系統が少年事件を扱う少年部となります。

微妙な「家裁」の仕事

家庭裁判所が異例なのは、法律的判断とあまり関係がないことです。

まず、少年事件について、家裁が行っているのは、少年の更生を目的に、少年院に送るのがよいか、保護観察にするのがよいか、そのまま家に帰すのがよいかなどについて、あれこれ考えて結論を出すことです。非行の程度が重要な指針になりますが、当の少年のためには、それだけで決めるわけにはいきません。やっていることは、いわば、福祉行政に近い面があるのです。実際、戦前は、裁判所ではなくて行政機関が少年審判をしていました。戦後、それが家庭裁判所の権限とされた意味は大きいのですが、やっていることの本質には変わりなく、裁判所としては異色の職務になります。

次に、家事部の事件については、そのかなりの部分は、ほとんどまったく法律的なものではありません。たとえば、民法上、未成年者を養子にする場合は家庭裁判所の許可が必要とされています。そのため、許可を与えるかどうかは、いわゆる「家事事件」になりますが、それは、事柄の性質上、権利義務の問題ではなく、福祉的観点から決めるほかありません。そこでは、論理も法律知識も、ほとんど関係ありません。家裁の家事部が扱う事件には、この種のものが多いのです。これらは、訴訟と区別して非訟《ひしょう》などと呼ばれています。

また、家事部の事件の中には、離婚訴訟など重要な権利義務に関係するものもありますが、これらは、ごく最近（二〇〇四年）、地方裁判所の権限が家庭裁判所に移されたものです。もともと、地方裁判所には、家庭内のごたごたを通常事件と一緒に取り扱いたくないという根強い志向があり、古く大正時代から、それらを切り離して別の機関に担当させようというもくろみが始まっていました。その結果にほかなりません。家庭裁判所からすれば重要な権利義務を扱うには違いありませんが、その意味合いには、厄介払い的なところさえあります。

このように、家裁の職務は、微妙で、はっきりしないところがあります。ぶっちゃけて言えば、どうしても裁判所が行わなければならないことかと言えば、そうではありません。

漫画『家裁の人』

一九九〇年代に人気を呼んでドラマ化された漫画作品に、家庭裁判所の裁判官を主人公にした『家裁の人』（毛利甚八作、魚戸おさむ画）があります。

主人公の桑田判事は、誰もが認める優秀な裁判官で、大都市の裁判所勤務を内示されながら、思うところあって断り、みずから希望して田舎の家庭裁判所支部に赴任したという設定になっています。非行少年たちの更生に静かな情熱を燃やしつつ、プライベートでは、花を愛し、趣味のガーデニングにいそしむ繊細な裁判官像が描かれています。人情とやさしさをもって少年事件を大岡裁きで落着させて、物語は進みます。

これは、たしかに、実際の家裁の裁判官の一面を表わしています（上記の後半だけ）。地方裁判所の裁判官とは対照的と言えるでしょう。大都市の地裁の裁判官であれば、常時三〇〇件以上の事件を抱えて日々の事件処理に追われ、土・日・祝日も判決書の作成に費やし、当番日ともなれば、いつ捜査令状の請求が来るかとピリピリしながら寝入ることもできずに夜半から明け方まで過ごします。常に神経を張り詰めていなければなりません。ガーデニングなど、やりたくとも、「地裁の人」には、その時間はありません。

つまり、家庭裁判所は裁判所の主力ではないし、「家裁の人」は、本格派の裁判官ではないのです。本格派の裁判官は、地裁に配属されることになっています。では、なぜ、家裁はメイン・ストリームではないかと言えば、前にも述べたように、家庭裁判所の職務は、どうしても裁判所が行わなければならないことではないからです。

「家裁の人」は、窓際族とは言いませんが、あくまで傍流です。

これは、裁判所自体の雰囲気にも如実に表れていて、地裁から家裁へ場所移動すると、一気に空気が緩むのが体感されます。「ピリリからダラリ」といった具合です。それが、日本の裁判所の現実です。

家庭裁判所の役割——裁判による福祉

けれども、ここで強調したいのは、むしろ、家庭裁判所の役割の重要性についてです。家庭裁判所の職務が、どうしても裁判所が行わなければならないことではないとして、それにもかかわらず、裁判所の権限とされていることの意味合いです。

家裁の任務には、たしかに非法律的な面があります。福祉的観点に立って、家族関係の円満を図り、少年の健全な育成を図ることが求められ、そのために、家事部では調停委員が、少年部では家庭裁判所調査官が、それぞれ大きな役割を果たします。総じて、家裁では、法律的な思考よりもケースワーカー的なケアが重視されます。

しかし、福祉的観点から家庭生活や家族関係の円満を強調しすぎると、女性の自立の権利を抑え込むことにもなります。非行少年の立ち直りを期待して少年院に送ることが、少年の人権の侵害になることもあります。他方では、少年犯罪に対する甘すぎる処分が、被害者の人権無視につながることもあり得ます。

結局、「裁判を受ける権利」に象徴される人権保障の観点と介入的な福祉的考慮をどう調和させていくかが、大きな課題になります。そこに、「どうしても裁判所が行わなければならないわけではないのに、あえて裁判所の権限とされていること」の意味があると言えるでしょう。

家庭裁判所は、本当は、国民生活にとって非常に重要な「場」にほかなりません。幸福な家庭生活や若い世代の未来に大きくかかわっています。

3　全国に散らばる支部と簡易裁判所

実は身近なところにある裁判所

簡易裁判所が多数あることは前に触れましたが、高等裁判所、地方裁判所、家庭裁判所も、それぞれの支部や出張所を含めると、かなりの数あります。

それらすべてを網羅した状況を日本地図に落として、試みに、関東地方と東北地方の「裁判所地図」を挙げてみましょう（次のページ図6、7）。地図でわかるとおり、裁判所は観光地にもあります。温泉地にもあります。

このように裁判所が全国各地に散らばっているのは、国民の「裁判を受ける権利」に

図6

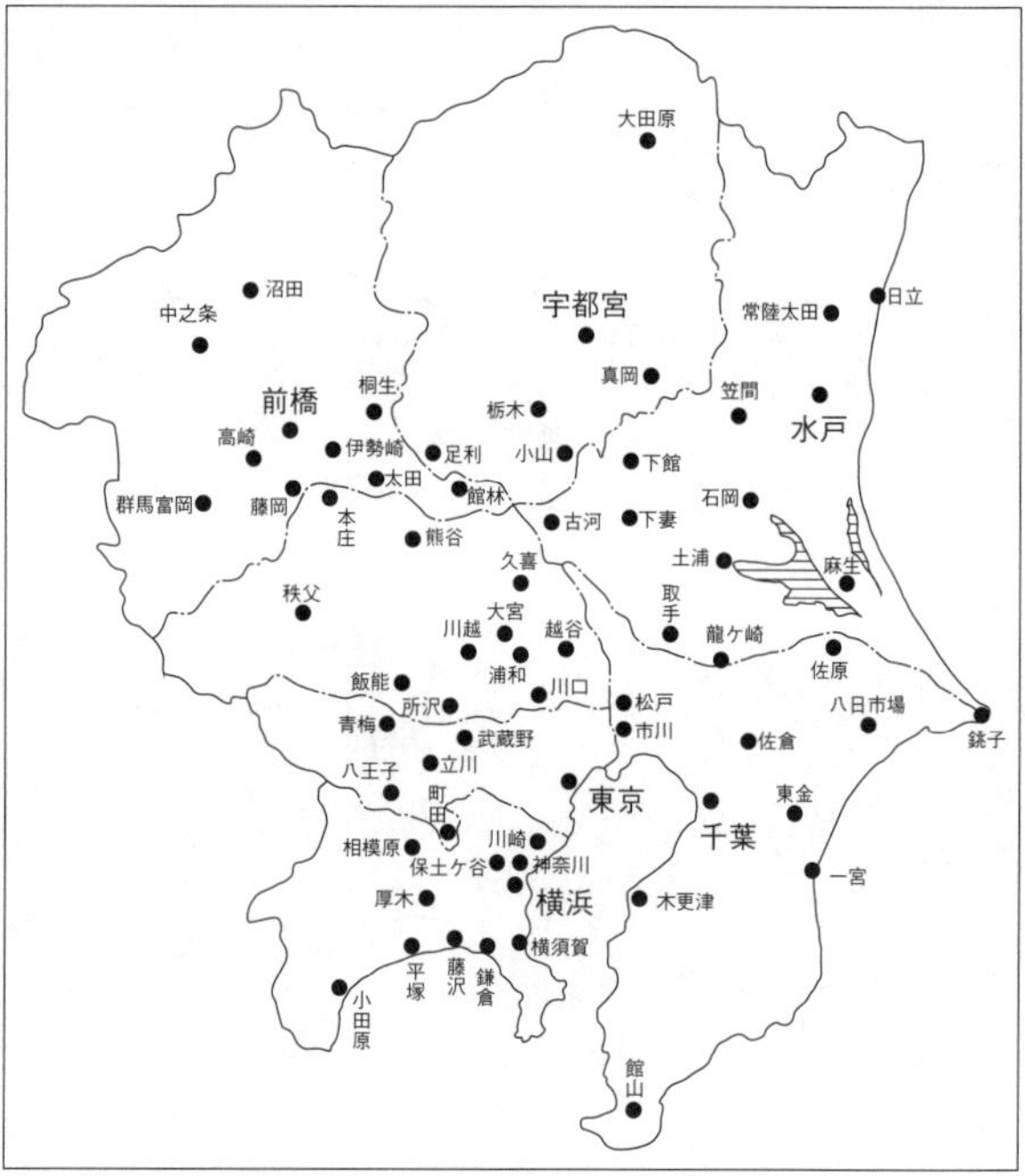

関係しています。

実質的に「裁判を受ける権利が保障されている」と言えるためには、どの地域に住んでいても、数時間程度で行けるところに裁判所が現に存在していなくてはなりません。そのため、裁判所地図にあるような分布状況になっているのです。

弁護士なしでできる少額訴訟

これら全国に分布する裁判所のうち、とくに簡易裁判所では、国民の日常生活上のニーズに応えるための制度が設けられています。それは、一九九八年から始まった少額訴

図7

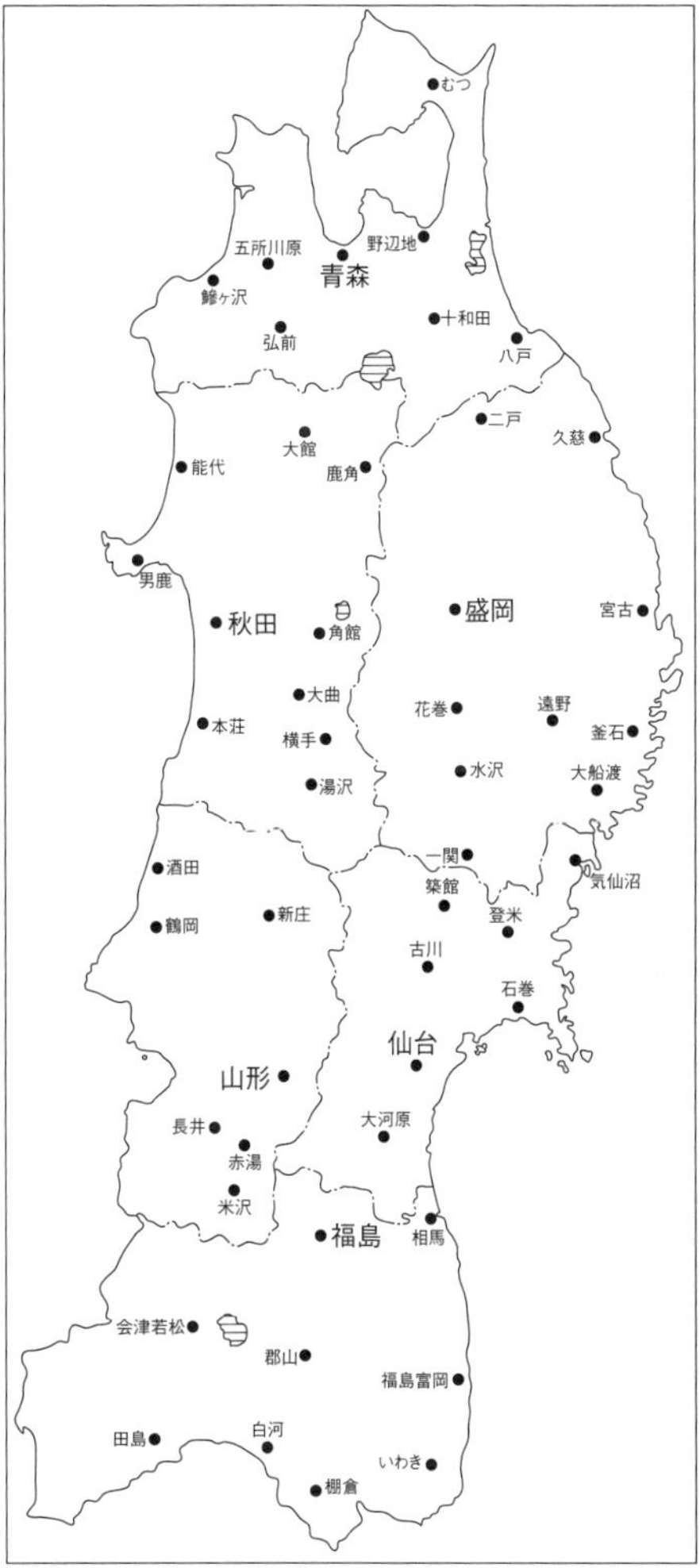

訟の制度です。

簡易裁判所の役割は、迅速な裁判にあることは前に述べました。少額訴訟制度は、簡裁が扱う少額の民事事件のうちでも、とくに六〇万円以下の金銭に関する事件について、「簡易な手続による迅速な裁判」を最大限推し進めたものです。事件の資料を揃えさえすれば、一回だけの審理で判決が出されます。

そのうえ、この制度は、弁護士に依頼することなしに市民が自力で裁判することを想定しています。そのために、訴状はひな型を裁判所で用意するなど、種々の工夫がされています。実際にも、ほとんどの少額訴訟は弁護士の関与なしに行われています。

法律問題のうちには、国民の日常生活に伴う小さな法的トラブルがあります。たとえば、知り合いにお金を貸したけれども返してもらえないとか、車が家の塀をこすったけれども加害者の保険が出ないとか、借家を出たのに敷金が返ってこないなどです。これら少額の法的トラブルの場合、弁護士費用を出さないと解決できないようでは意味がありません。また、裁判に何か月もかかるようでは、裁判をする意味が半減します。市民が裁判所に行って、すぐに判決をもらえるような制度になっていなければなりません。

実質的に、国民に「裁判を受ける権利が保障されている」と言えるためには、日常生活上の小トラブルの簡易・迅速な処理が、是非とも必要です。このような観点から、少額訴訟の制度が設けられています。

コラム3　少年法と家庭裁判所

家庭裁判所は、独自の役割を果たすことが期待されている裁判所であり、家庭内の事件と少年事件を扱うことについては、本文ですでに見ました。

日本では、二〇世紀末ころから、少年犯罪の凶悪化が社会問題になり、厳罰化の是非が大きな議論となりました。二〇〇〇年には、ついに、少年法が改正されて、翌年から施行され、重大な少年犯罪については、以前よりも厳しく責任を問う体制に変わりました。それは、家庭裁判所のあり方にも少なからぬ影響を及ぼしました。少年の刑事事件自体は、地方裁判所の刑事部が担当して審理しますが、その前提として、家庭裁判所の少年部が刑事処分を受けさせるのがよいかどうかを判断するからです。

もともと、少年法や家庭裁判所は、一九世紀末に創設されたシカゴの「少年裁判所」

の流れを受け継ぐものでした。この「少年裁判所」は、親が保護・教育を放棄した家庭の少年を親に代わって保護するという思想に基づいて設立されました。非行少年を「罰すべき存在」ではなく、「保護を与えるべき存在」とみなした点で、画期的なものでした。このような考え方は、「国親《くにおや》思想」、「保護主義」と呼ばれます。また、シカゴの「少年裁判所」は、貧困少年や虐待を受けている少年なども対象に取り込んでおり、「人を裁く」というより、「福祉」にウエイトが置かれていたと言えます。

ところが、その後、アメリカでは、「国親思想」、「保護主義」では、少年犯罪の凶悪化に対応できないことがあからさまになってきました。連邦最高裁の判例を通じて、これらの思想そのものに疑問が出され、多くの州で「少年裁判所」の制度的見直しが行われ、現在では様変わりしています。

日本の少年犯罪の凶悪化についても、同様のことが言えます。

一九九七年には中学生による神戸連続児童殺傷事件が発生し、二〇〇〇年には豊川市で高校生による見ず知らずの老婦人殺害事件が起きました。これらは、家庭の保護や貧困問題とは、まったく無縁なところで起きた犯罪現象でした。豊川市の事件では、犯人の一七歳の少年は、「自分には人を殺す経験が必要だった」と語り、普段は、成績優秀、クラブ活動にも積極的な明るい優等生で通っていました。二〇〇〇年には、やはり一七歳の少年による佐賀バスジャック事件も起きました。

少年犯罪自体が、「家庭の保護が欠けていた」ということで済ませられるほど、単純なものではなくなってきたのです。また、従来、少年法や家庭裁判所は、少年非行について、「家庭の保護が欠けているためであり、非行少年が悪いのではない」という基本的な考えに立っていました。そのような考え方も、少年を一人の責任ある個人として扱うという観点から見直されるようになってきました。これまでの過度の福祉的配慮が、ともすれば「少年の甘え」を生みがちだったことも事実です。

こうして、二〇〇〇年の少年法の改正に至ったのです。それに伴って、家庭裁判所も、福祉的配慮の重視から、「少年の自立」を促す責任重視へと転換しつつあります。

以上の変革の流れが、非行少年の更生に役立ち、若い世代の健全な育成に資するかどうかは、まだわかりません。その未知数の部分も含めて、少年事件のあるべき方向を模索することが家庭裁判所に求められているわけです。

第四章　憲法は裁判所についてどう定めているか

1　司法って何をすること？

司法とは――法を適用して事件を解決すること

これまでに、すでに何回か、「司法権の独立」が出てきましたが、そもそも司法とは何を意味するのでしょうか。一言で言えば、法を適用して事件を解決することです。「法の適用」が司法の一番の特徴と言えます。

ただ、「法の適用」とはいっても、法を適用するためには、その前に適用を受けるような事実があることが前提となります。事実の有無が確定していなければなりません。民事事件であれば、原告が訴状で主張するような事実があるかないかです。刑事事件では、検察官が起訴状にかかげた犯罪事実があるかないかです。行政事件であれば、行政処分によって権利を侵害されたと訴え出ている個人に対して、実際に侵害の事実があったかなかったかです。法律学の世界では、これを「事実認定」と呼んでいます。「事実認定」は、単に裁判官がこう思うというだけではなくて、客観的な正確さをもって行われなければ意味がありません。そのための裁判のツールが必要になりますが、それが「証拠」です（「証拠による事実認定」）。

つまり、司法とは「法の適用」ですが、法の適用のためには事実の認定が必要となり、さらに、事実の認定のために証拠が必要となるというわけです（「法律―事実―証拠」）。

証拠って何？――事実の痕跡

ここで少しだけ、裁判の証拠について踏み込んでみましょう。

証拠の種類は、証拠物（物証）、文書（書証）、証言（人証）の三種類に分かれます。とりわけ裁判の結果を左右する証拠には、どのようなものがあるかと言えば、代表的なものに、刑事事件であればDNA、民事事件であれば契約書や領収書などがあります。

一般には、証拠とは、「事実を明らかにする根拠や資料」と定義されていますが、もっと実質的に言えば、過ぎ去った事実の痕跡のことです。

裁判では、「事実認定」の対象となるのは、基本的に、現在の状態ではなくて、過去の事実です。たとえば、刑事事件であれば、問題とされるのは過去の一時点の犯罪の有無です。民事事件であれば、過去の契約や事故が対象となります。そのため、実際に目で見たり、耳で聞いたりして、それらを直接的に確かめることができないわけですが、過去の事実であっても、その痕跡は現在まで残っていることがあります。残っている痕跡を集めれば、過去の事実を推論し、再構成することが可能です。

証拠と言うと仰々しく聞こえますが、実体は、過去の出来事のいろいろな痕跡のかけらのことで、そのかけらをパズルのように組み合わせて絵を完成させるように、事実を再現するのが「証拠による事実認定」です。

「事実認定」に正確を期すために、証拠の中でも、とくに客観的な証拠が重視されます。それが、先ほど挙げた刑事事件のDNAや民事事件の契約書や領収書になるのです。DNAについて言えば、犯行現場に残された体組織のDNAは、そのDNA型を持つ人物が過去のある時点において、そこに所在した事実を科学的客観性をもって示すものです。

以上が、「法律—事実—証拠」の筋道のうちの「事実—証拠」のプロセスです。

次に、「法律—事実—証拠」の筋道のうちの「法律—事実」のプロセスを見てみましょう。

『ヴェニスの商人』に見る法の適用——「司法」を誤解した物語

シェイクスピアの『ヴェニスの商人』では、貸金の証文が劇中のテーマになっています。実は、これは、洋の東西を問わず、法学者の間では、とても評判の悪い文芸作品です。ご存じの読者も多いと思いますが、あらすじは次のようなものでした。

ヴェニスの貴族アントニオは、ユダヤ人の金貸しシャイロックから大金を借り、もし違約した場合には「自分の身体から一ポンドの肉を切り取ってよい」という証文を差し入れます。ところが、アントニオは、予期に反して借りた金を返せなくなり、窮地に立たされます。裁判となりますが、法廷でも、シャイロックはあくまで証文を盾に譲らないため、アントニオは絶体絶命のピンチに追い込まれます。最後の最後で、ポーシャが名裁判官ぶりを発揮して、「証文どおり、シャイロックはアントニオの身体から一ポンドの肉を切り取ってよい。しかし、証文に書かれているのは肉一ポンドだから、きっかり一ポンドの肉を切り取ることができるだけである。また、一滴の血も流してはならない」という判決を下し、紛争を見事に解決するという筋です。そして、おそれいったシャイロックから全財産を没収し、キリスト教徒に改宗させて、ジ・エンドとなります。

これは、多くの法学者によって、でたらめ裁判の最たるものであるとされています。ヨーロッパじゅうに名をとどろかせた著名な法学者イェーリングは、この判決は「卑劣な機智によって権利を台無しにする判決」であり、ポーシャのやったことは、ヴェニスの法そのものを貶《おとし》める国賊的な行いであると口を極めてけなしています（『権利のための闘争』）。

『ヴェニスの商人』の痛快さは、証文による杓子定規《しゃくしじょうぎ》な強硬きわまる主張に対して、同じく杓子定規に返すことで、一挙に事態を逆転させる「どんでん返し」のおもしろさにあるのですから、それを法律的に云々《うんぬん》するのは野暮の骨頂でしょう。けれども、他方では、法学者がそれを承知で文句を言いたくなるのもわかる気がします。

ここでは、証文の語句についての文理解釈だけしか取り上げられていません。けれども、法の解釈には、目的論的解釈、拡張解釈、縮小解釈、類推解釈、反対解釈、勿論《もちろん》解釈、例文解釈などの多数の解釈手法があります。法の適用は、決して用語の機械的適用にとどまるものではなく、常に思考と決断が要求される判断作用なのです。

この観点からすると、『ヴェニスの商人』は、「法の適用」が何たるかを理解していないことになります。つまり、「司法」というものを誤解しているのです。そのため、法学者としては、どうしても一言いいたくなるわけです。

具体的に言えば、アントニオとシャイロックが「身体から一ポンドの肉を切り取ってよい」という約束で金銭の貸借をしたことは間違いないとしても（「事実認定」）、問題の違約条項は、例文解釈によって回避できました。返済を強く約束しただけの「たとえ」の誓約文と解釈するわけです（「法の適用」）。

そして、その場合、シャイロックには、貸したお金の返済を求める権利だけは残るはずなのです。アントニオが身体から一ポンドの肉を切り取られることは絶対に不当ですが、だからといって、アントニオが借りたお金を踏み倒してよいという根拠はありません。

また、「身体から肉を切り取る」ような違約条項は、法の目的に反するとして無効を宣言することも不可能ではありませんでした。既存の法律ではどうしても妥当な結論を導き出せない場合、裁判所が法の理念から、「あるべき法」を創造することも認められています。ここでは、反社会的な「人肉抵当」を認めないという規律を裁判でつくり出すことになります。これは、司法の法創造機能と呼ばれるものです。現在では「公序良俗に反する約束は無効」という形で法典中に明文化されています。

以上では、司法とは「法の適用」であること、しかし、その「法の適用」とは機械的適用ではないこと、それは判断作用としての「適用」であることを見ました。

2　三権分立と裁判所

「権力を弱める」という考え方

フランスの法服貴族出身のモンテスキューは、国家権力を立法権、執行権（現在の行政権）、司法権の三権に分け、それらをバランスさせ、相互にチェックさせることで、全体として権力の濫用を防止するという考え方を一八世紀中葉に打ち出しました。この国家構想のもとでは、三権は、いずれも国家の権力を自己に集中することができず、常に相互バランスの中に抑えられ、弱められます。

この考え方が画期的なのは、「権力を弱める」という発想にあります。私たちが法制度や政治制度などの公共世界について議論する場合、「正しくする」とか「適正にする」「公正にする」と考えることはあっても、「弱める」という考え方は、なかなかしないものです。モンテスキューは、国家についてのあるべき姿として、「弱い姿」を自覚的に描き出しました。

そこには、権力を抑制し得るのは他の権力だけだという冷徹な判断があると同時に、国家の権威にまどわされることなく、統治の仕組みと個々の国民との関係を見つめる視線があります。モンテスキューにあっては、国家の仕組みは国民の権利や自由に奉仕するメカニズムとしてとらえられているのです。

そのため、法律学の分野では、三権分立は自由主義的な制度思想であると言われます。

もう一つ、モンテスキューの三権分立論には重要な特徴があります。それは、司法権の役割がキーとなっていることです。

実は、権力の分立を言う思想は、古代ローマの昔からありました。しかし、それらは王・貴族・庶民の身分間の均衡抑制であったり、議会の二院制であったりして、司法権や裁判に着眼したものではありませんでした。

では、なぜ、ここで、国家の権力構成上、司法権がクローズ・アップされたのでしょうか。それは、政治権力（立法府、行政府）とは一線を画する非政治的な権力だからです。権力の分立と抑制を実現するうえで、法を原理として中立的に活動する国家機関であることが大きな意味を持ってきます。ただ法を適用する司法権は、そのほかには、力を発揮しようとする意思を持たないはずだからです。

言いかえれば、モンテスキューの立論は、司法権の独立と結びついています。その点でも画期的であり、近代的三権分立論と言われます。

行政の裁判所への影響力——司法行政権の問題

司法権の独立と結びついた近代的三権分立の中で、日本の場合、行政権と司法権との関係がとりわけ問題となりました。

というのも、戦前、大日本帝国憲法のもとでは、裁判所と司法省（現在の法務省）の関係がはっきりしなかったからです。司法省は行政府の一部門にすぎませんが、裁判所の監督権を持っていました。裁判官の人事権などについても、かなりの部分を掌握していました。それによって、事実上、行政府が裁判所に影響を及ぼしていました。

法律学の世界では、ここで問題となっている人事権や監督権などの権限を司法行政権と言い、その権限を行使することを司法行政と言います。これも、司法なのか行政なのかよくわからない言葉ですが、「司法に関する」行政という意味合いで、性質上は行政の一つです。立法・行政・司法の三権のうちの何なのかと言えば、実体は行政に属するものになります。というのも、ここで言っている人事権や監督権などは、民間会社で言えば、人事部や総務部の仕事になりますから、それが立法や司法のはずはなく、三権のうち行政に属するというのが、消去法的な必然的結論になるはずだからです。

およそ、国家であれ、民間の会社や団体であれ、組織である以上、総務的な事務が発生します。それは裁判所も同じですから、いわば「裁判所総務事務」なるものが出てく

図8

「司法行政権の問題」

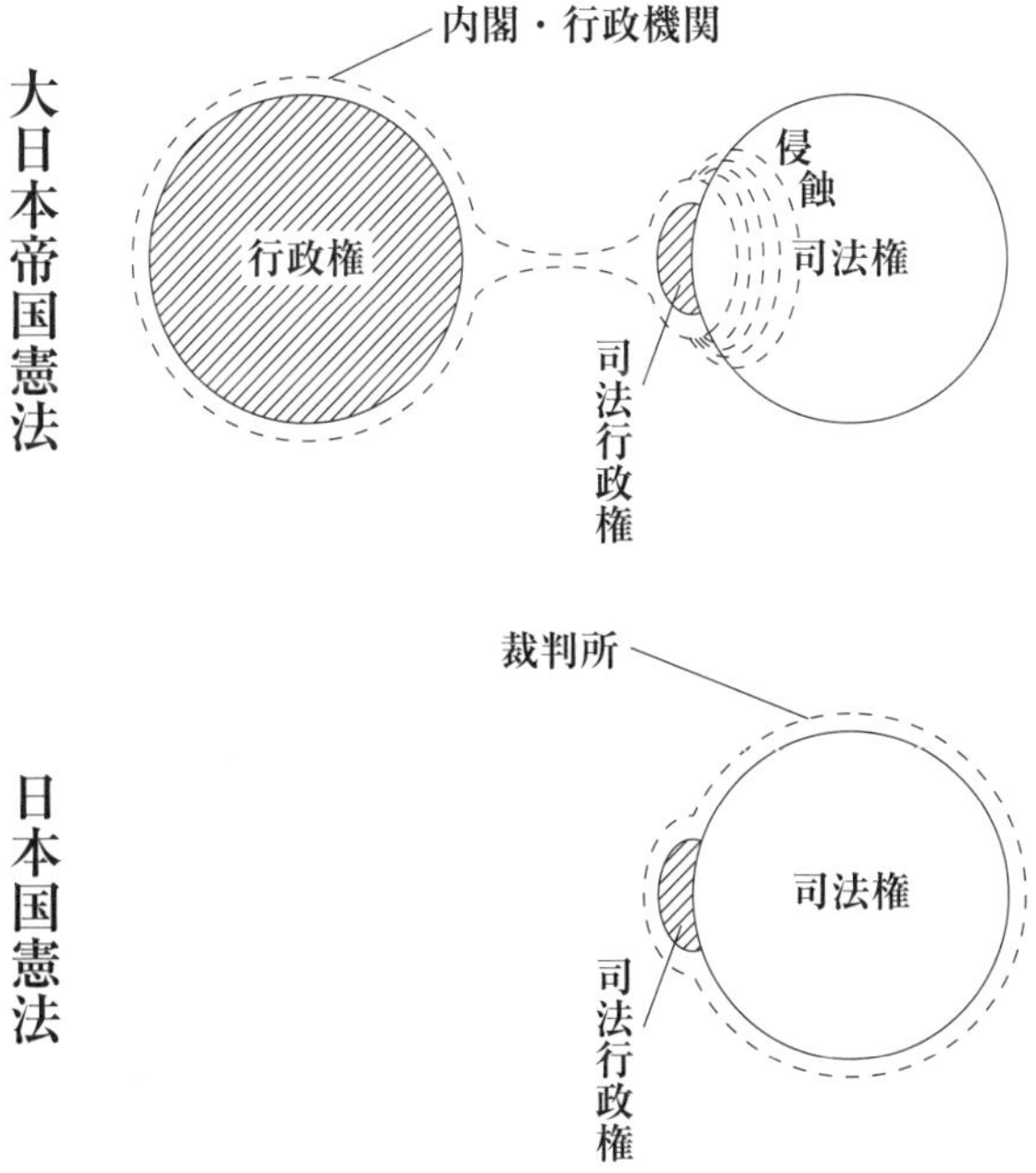
大日本帝国憲法
内閣・行政機関
行政権
侵蝕
司法権
司法行政権
日本国憲法
裁判所
司法権
司法行政権

るわけですが、それを、「事務≠司法」、「事務≠立法」、「事務＝行政事務」という意味合いで、司法行政と言っているのです。

第三章に、行政裁判所という、やはり紛らわしい言葉が出てきました。そして、行政裁判所の問題には、行政事件の裁判が司法なのか行政なのかという理論的背景を持つ論争がかかわっていました。それに対して、司法行政権が行政の一つであることについては、疑いもなければ争いもありません。

ですから、本来であれば、司法行政権（＝行政権の一つ）を行政府が行使することは、それが公平・適正に行われる限り、問題はないはずです。けれども、現実問題とすれば、国家権力の発動の場において、一種の権力闘争が生じることは避けられません。そのため、行政が司法を呑《の》み込もうとして、その手段に使われるおそれが常にあります。

実際、戦前には、行政府（司法省）は人事権を濫用して、裁判に間接的に影響を及ぼしていました。そうなると、いくら司法権の独立によって、裁判に直接影響力が行使されることはないといっても、結果的に司法権の独立は不十分なものになってしまいます。

そのうえ、戦前の日本では、明治後期以降、司法省の上層部のポストを検察官が多数占めるに至り、裁判官を検察官の方がコントロールするという下剋上《げこくじよう》的な面さえあったのです。

そこで、日本国憲法は、三権分立構想の中で、司法行政権を裁判所に帰属させ、行政府が司法行政を行うことを認めていません。戦前の司法省は廃止され、司法行政権を持たない役所として、法務省に生まれ変わりました。

法務省・検察庁・裁判所の関係を整理すると

いま、法務省は司法行政権を持たない役所として戦後誕生したと言いましたが、法務省と裁判所は、どこかどう違うのか、そもそも、その点からして紛らわしいかもしれません。また、検察庁と裁判所ではどうか、さらには、検察庁と法務省の違いは何かなど、それらの点も、はっきりしないかもしれません。もっと言えば、この三者の存在自体、ともすれば混同しがちです。

まず、形式的に言うと、裁判所は司法ですが、法務省や検察庁は行政に属します。行政に属する法務省と検察庁の関係は、後者が前者の一部局という位置づけになります。

しかし、これで「よくわかった」という人は、ほとんどいないことでしょう。法務省・検察庁・裁判所の三者は、法律を扱う役所です。その意味では共通です。ところが、近現代の国家にとっては、「司法権の独立」がとても重要なので、「司法権の独立」が確保される部分をできるだけ厳密に特定しようという要請が出てきます。司法の中身は何かという事柄です。それが本章冒頭で述べた、法を適用して事件を解決すること（「法の適用」）であり、この「法の適用」とは機械的適用ではなくて、判断作用としての適用のことでした。

ところが、判断作用としての法の適用以外にも、法律に関連した事務はあります。たとえば、刑務所での受刑者管理や少年院での教育がありますし（これらを法律学では「矯正《きょうせい》」と言います）、民事分野では、戸籍や不動産登記などの公的制度を運用していかなければなりません。国籍や出入国管理もあります。また、いじめや虐待などの問題に対処するために、人権相談などの公的サービスを実施する必要もあります。これらをすべて受け持っているのが法務省です。法務省には、民事局、刑事局、矯正局、人権擁護局、入国管理局などの部局があります。

検察庁は、役所としての法務省の一部局であり、法務省刑事局の関連部署として位置づけられます。けれども、検察庁は、裁判所に対して刑事事件の「法の適用」を求める権限を持つ点で、特別な扱いを受けます（「起訴・不起訴の権限」）。その結果、もはや本省の法務省を凌駕《りょうが》するほどの特別の存在となっています。

それはなぜかと言えば、まず、起訴・不起訴の権限がとても強いものであることが挙げられます。検察庁が起訴しなければ刑事裁判は開始されないとともに、起訴されるならば誰もが大変苦しい立場に立たされます。法務省の扱う法律事務全体からすると、検察庁の守備範囲はいかにも狭く感じられるかもしれませんが、その権限の強さは比較になりません。ここから「巨悪を撃つ」などという検察のうたい文句が出てきます。

次に、検察の権限は司法に近いことがあります。検察が「法の適用」を求めることは、裁判所が「法の適用」を行うこととは違いますから、司法ではなくて行政の領域ですが、反面から言えば、「法の適用」と紙一重のところまで来ています。そのため、司法権の独立ほどではないにしても、それに準じた独立性が認められます。そこ（検察権）にも、一定の独立性を認めておかないと、司法権の独立が危うくなるおそれがあるからです。

ここで言う「検察権の独立性」とは、司法権の独立と同様に、政治権力から影響を受けないことを意味します。政治権力である行政府に属しているのに、検察庁が「政治から影響を受けない」というのは、不思議に思えるかもしれませんが、検察権の独立性が司法権の独立のために認められることから導き出される帰結です。

その結果、検察庁は、法務省の関連部局でありながら、法務大臣（＝政治家）からも、半ば、独立しています。法務大臣は、検察官に対しては、他の法務省の職員に対するような命令・指示はできないことになっています。ここから、「巨悪を撃つ」のうたい文句に現実性が出てきます。

過去に、法務大臣が検事総長に指揮権を発動して大きな政治問題になり、かえって時の政権が弱体化したことがありますが（一九五四年造船疑獄、犬養法務大臣辞職）、それも、検察権の独立性のなせるわざです。

以上、おおまかに言えば、①裁判所は、「判断作用としての法の適用」を行う司法の場、②法務省は、「判断作用としての法の適用」以外の法律関連サービスを行う行政機関、③検察庁は、刑事事件の「法の適用」を求める行政機関で、法務省の関連部局として位置づけられるけれども、実質的には関連部局とは言えないほどの強い独立的権限を持つ役所ということになります。

憲法が認める行政機関の裁判

これまでに、司法行政権や行政裁判所といった紛らわしい事柄が出てきましたが、もう一つ、日本国憲法には紛らわしい定めがあります。それは、行政機関が終審（三審制の最終審）として裁判できないとする憲法七六条第二項第二文の定めです。行政機関が終審として裁判をすることができないという趣旨自体は、司法権の独立に沿うもので問題はありません。

しかし、一審や二審に限られるとはいえ、反面では行政機関が裁判をすることを認めているのは、いったいどういうことなのかが問題となります。

ここでは、この問題も含め、以上の紛らわしい三つの事柄について、まとめてみましょう。

司法行政権については、それが司法ではなく行政に属することは大日本帝国憲法も日本国憲法でも一致しており、当然の前提としています。そのうえで、大日本帝国憲法は、権限が行政に属するのだから行政府が行使してもさしつかえないと考えましたが、日本国憲法は、そのまま行政府に行使させたのでは司法権の独立に悪影響を与えるおそれがあり、大きな問題があると考え、政策的にそれを行政府から取り上げて、裁判所に与えることにしました（一〇五ページ図8）。

行政裁判所に関する問題は、行政事件の裁判が行政なのか司法なのかという争いが絡《から》んでいました。大日本帝国憲法も日本国憲法も、私たち国民の権利や利害に深くかかわる民事事件や刑事事件については、その裁判が司法に属すること、司法権の独立が必要なこと、それによって国民は政治的に中立な裁判所から民事・刑事の事件の裁判を受けられるようになること、以上の諸点については変わりありません。ただ、行政事件については、どう扱うべきか、見解が分かれました。行政に関する事件の裁判は行政の延長と見るべきか、もはや段階の異なる司法の分野なのかという理論的な争いがありました。日本国憲法は後者の立場に立ったわけです。そして、日本国憲法では、行政裁判所の存在自体をまったく認めないことにしました。それは、理論的問題もさることながら、何より、国民の裁判を受ける権利を重視する観点からでした（七八ページ図4）。

裁判所が裁判しない方が良い場合がある？

では、日本国憲法が定める「行政機関の終審裁判の禁止（行政機関が前審として裁判できること）」はどう理解すればよいのでしょうか。行政機関が裁判すること一般を禁止したのであればよくわかりますが、なぜ、終審裁判の禁止にとどまり、前審として裁判することを認めているのでしょうか。もともと、日本国憲法は、行政事件の裁判は司法の分野とし、行政裁判所を認めなかったはずです。それなのに、なぜ、ここで、また行政機関が裁判することを認めたのでしょうか。

さらに言えば、問題はそれどころの話ではなく、この規定のもとでは、前審であれば、行政事件ばかりか、民事事件も刑事事件も、行政機関が裁判できることになります。行政裁判所の場合は、行政事件に関してだけ裁判することを前提としていましたが、ここでは、そういった限定は付されていません。本書の最初に「遠山の金さん」や「大岡越前」の話が出てきましたが、この日本国憲法の規定では、前審としてならば、「遠山の金さん」や「大岡越前」がやっていたような、お奉行の裁判をしてもさしつかえないというようなことにもなりかねないのです。

これによって、三権分立も司法権の独立も、ぶちこわしではないかという疑問が出てきます。

この点は、裁判を受ける権利という面から考えなければなりません。日本国憲法は、広く裁判を受ける権利を定め、国民一人一人が平等な立場で裁判を受けられることを保障しています。

行政機関が前審として裁判できるのは、あえて、そうすることにした方が、裁判所が裁判するよりも国民にとってメリットがあり、国民の裁判を受ける権利に資する場合に限られると理解すべきなのです。「裁判所が裁判するよりも良い」と言える場合は限られますが、そのような限られた特殊な場合にだけ許された権限と見られるわけです。行政機関が前審として裁判する実際の制度に、船舶事故に関する海難審判や知的財産権に関する特許庁の審決などがありますが、これらは、その技術性や専門性から、裁判所よりも、それらにかかわる行政機関に裁判させる方が、裁判を受ける国民にとってもメリットがあるからこそ認められていると考えるべきなのです。

日本国憲法は、そのような前提に立って、行政機関が前審として裁判することを認めたものと理解されます。そして、その場合でも（技術性や専門性から行政機関が裁判する方が裁判を受ける国民にとってメリットがある場合でも）、終審として行うことはできず、かならず、裁判所の最終的な裁判が保障されなければならないことを明らかにしたものと理解されるのです。

以上で出てきた「司法行政権」、「行政裁判所の廃止」、「行政機関の終審裁判の禁止」は、いずれも紛らわしく、何となく、わかったようで、実は、そう簡単にはよくわからない、やっかいな問題です。また、それぞれの論点も微妙にずれています。けれども、「裁判所ってどんなところ?」なのかを理解するためには、避けて通れない事柄です。

そして、最後に一言。これらの問題点は、混同しやすく、論理の筋道も一様ではありませんが、次のことを念頭に置いて考えてもらえれば、いずれも糸口がつかめます。それは、本書の最初の方に出てきた「裁判所―司法権の独立―裁判を受ける権利」というひとつながりの図式です。

裁判官の身分保障

司法権の独立は、まず第一に、裁判所が行政府や立法府から分離した独自の存在であって、政治的影響を受けずに活動できることを要請します（「裁判所の独立」）。しかし、それだけでは、十分とは言えません。第二に、個々の裁判官が独立した存在として、何ものからも影響を受けずに職権を行使できることが必要です（「裁判官の独立」）。なぜ、それが必要かと言えば、実際に裁判をするのは、個々の裁判官であり、裁判所という組織が裁判をするわけではないからです。

後者の「裁判官の独立」は、行政府や立法府との関係だけでなく、同じ裁判所内の問題でもあります。実際に裁判をする裁判官が、ほかの裁判官（多くは先輩裁判官）からの影響を受けずに、自分自身の判断を貫けることをも意味するわけです。

そして、個々の裁判官は、ただ独立して職権を行使できるだけではなく、身分も保障されています。身分保障というのは、解職にかかわる保障で、意に反してクビにされないことを指しています。日本国憲法は、裁判官が職務を執れなくなった場合のほかは、国会による公《おおやけ》の弾劾《だんがい》によらなければ、辞めさせることができないと定めています。

さらには、裁判官は、憲法上、報酬（給料）も完全に保障されており、在任中は、一切減給されることがありません。たとえ、仕事を休んでも一円たりとも減額されることはないのです。

裁判官の身分保障も、ここまでくると、優遇しすぎではないかという疑問が生ずるかもしれません。では、なぜ、ここまでするかと言えば、それは、究極的には、国民の裁判を受ける権利の観点からです。公務員としての裁判官を優遇するためではなく、「裁判所─司法権の独立─裁判を受ける権利」というひとつながりの枠組みの中で、国民の裁判を受ける権利を完全ならしめるためのものなのです。この点が、「裁判官の身分保障」に関する最大のポイントです。

ここでは、「司法権の独立＝裁判所の独立＋裁判官の独立」、「裁判官の独立＝裁判官の職権の独立＋裁判官の身分保障」、「裁判官の身分保障＝解職にかかわる保障＋報酬の保障」という一連の流れを見ました。

裁判官はみな平等――上司も部下もない世界

「裁判官の独立」の結果、裁判官の場合には、民間や他の公務員と違って、そもそも、上司・部下の関係は成立しません。また、先輩が後輩に対して具体的な事件処理のアドバイスをするという関係にもありません。

そのことがよくわかる実際の例に、一九六九年に起きた平賀書簡事件があります。この事件は、札幌地方裁判所の所長が担当裁判官宛に、参考として自分の見解を手紙で伝えたという出来事でしたが、その所長の行動が裁判官（担当裁判官）の職権の独立を侵すものではないかと問題とされたのです。

民間であれば、先輩が後輩に仕事上の助言や忠告をするのは、当然。むしろ、望ましい親切な行いであり、せっかくのアドバイスを後輩が無視した場合、後輩の行動の方が問題視されることでしょう。けれども、裁判所ではまったく逆で、どのような形であれ、他の裁判官の判断事項について言及するのは、ご法度なのです。平賀書簡事件では、最高裁は、当の所長のアドバイスについて「誠に遺憾《いかん》」との所信を表明し、所長を注意処分にしました。

もう一つ、例をあげましょう。

前に司法行政権というのが出てきました。司法に関する行政事務のことで、性質上は行政に属する事柄ですが、日本国憲法は、これを行政府から取り上げて裁判所に帰属させ、司法権の独立の徹底を図ったことに触れました。では、このようにして裁判所に帰属した司法行政権は、誰がどのようにして行使しているのでしょうか。それは、組織の長（地方裁判所の所長や高等裁判所の長官など）の権限ではなく、それぞれの裁判所で全裁判官が会議をして決めています（「裁判官会議」）。

司法行政権は監督権を含みますが、監督さえも、裁判官一人一人が自主的に決定するのが建前なのです。

3　法と良心にしたがう

「法の番人」としての裁判所

裁判所は、よく「法の番人」と言われます。これは、しばしば誤解されていますが、国民が法を遵守しているかどうかをチェックするという意味ではありません。そういう権威的な意味ではなく、むしろ、三権分立の中で、行政のやっていることをチェックするという意味合いの言葉です。

というのも、「法の支配」の一内容として、「行政に対する法律の支配」があり、行政は法律に基づいて行わなければならないという原則があるからです。これを法律学の分野では「法律による行政の原理」と言います。

「法律による行政の原理」を間違いなく実現するためには、行政が法律にしたがっているかどうかを監視する必要が出てきます。つまり、裁判所が番人となって行政を監視しなければなりません。それによって、最終的に、「法による行政」が実現するわけです。

「法治国家、法律、民主主義」の三位一体

いま、「法による行政」という言葉が出てきましたが、これは法治主義とほぼ同じ意味であり、法治主義は法治国家と同義です。「法治主義」や「法治国家」は、法律学の世界では、とてもよく出てくる基本用語になります。

「法による行政」「法治主義」「法治国家」を、まず、法を作る側から見てみましょう。つまり、立法府の視点からです。

この観点から見た場合、それらは、立法府の意思のとおりに行政が動くことを意味しています。立法とは、選挙によって選ばれた議員が国民を代表して法律を定めることですから、結局、「法による行政」は、国民の意思のとおりに行政が動くことを意味します。「国民↓国会（法律）↓行政（法による行政）」という国民主権の流れです。

ここで、もう一度、裁判所の視点にもどって見てみると、どうでしょうか。

裁判所が「法による行政」の番人となることは、結局のところ、行政が国民の意思のとおりに活動するよう、監視することを意味します。「国会（法律）↓行政（法による行政）」をチェックすることで、「国民↓行政」を実現しているのです。

つまり、ここでは、立法権はもとより、行政権、司法権も含め、国家の仕組みは、徹頭徹尾、民主主義の原理に基づいています。

国家法と自然法

以上は国家法（国家が作る法）の関係ですが、法律学の世界では、国家法のほかに自然法を認める見解が有力です。

自然法とは、通常の意味の法とは区別される、より高次の書かれざる法のことです。つまり、国家法、慣習法（拘束力を持つに至った慣習）、判例法（イギリスなど国家法を判例で変える国の場合の法体系）などの通常の法ではなくて、それらの法の奥深くで永遠の光を放ち、天上高くまで輝きわたる、時空を超えた真理とも言うべき超越的な法のことです。

どうも、話しが少し神秘的になってきました。それもそのはず。法学者でも、実証を重んじる人たちは、自然法を一切認めません（「法実証主義」）。これに対して、自然法の存在を認める考え方は自然法論、自然法思想と言われます。

自然法論は、古代ギリシアに遡る歴史を持ち、抵抗権（暴政に対する抵抗の権利）と表裏をなすため、思想的に重要な意味を持っています。たとえば、アメリカではベトナム戦争時に反戦思想に基づく良心的兵役拒否が問題となりましたが、これは「自然法論

「抵抗権」の観点から理解されます。そのような観点を欠き、単なる兵役忌避で片づけてしまうと、問題の本質をはずします。

法律学の世界では、「悪法も法か」という有名な議論（「悪法論」）がありますが、これは、自然法論をとるか法実証主義に立つかで決まってきます（自然法論＝「悪法は法ならず」、法実証主義＝「悪法も法なり」）。

一九世紀の法思想では、法実証主義の方がむしろ強かったのですが、第二次世界大戦後は、ナチス・ドイツの負の経験もあって、自然法論が大きな力を持つに至っています。ナチス・ドイツの支配下では、様々な国家的暴虐が繰り広げられましたが、それらは法を無視した時代錯誤的残虐だったのではなく、ユダヤ人差別や障碍《しょうがい》者安楽死を含め、ほとんどすべてが法令に基づいて行われていたからです。つまり、悪法に基づいていたのです。

ところで、自然法論の立場に立つ場合、何が自然法なのでしょうか。

それについては、定まった見解がなく、また、事柄の性質上、具体的な形で内容を明らかにすることはできないわけですが、間違いなく言えることは、現代では、自然法の内容は人権と結びついていることです。自然法は、かつては、「人間本性の法」とか「神法へ通ずる法」とされていました。それが、近代になって、啓蒙《けいもう》思想を背景として「人間理性の法」とされ、さらには、両世界大戦を経て、ついに「人権思想の法」と考えられるに至っています。

それは、国際社会における世界人権宣言の採択（一九四八年）、国際人権規約の採択（一九六六年）・発効（一九七六年）などに表れています。

裁判官の良心とは——悪法にもしたがうのか？

日本国憲法は、裁判官は「法律に拘束される」とともに、「良心にしたがう」と定めています（七六条第三項「すべて裁判官は、その良心に従ひ……この憲法及び法律にのみ拘束される」）。

裁判官の良心については、第二章で、終戦直後にヤミ米を食べずに餓死した山口良忠判事のことが出てきました。

憲法の定めとの関係では、悪法と良心の関係が問題となります。裁判官は、自分が悪法と考える法律についても、法律に拘束されると憲法でうたわれている以上、涙を呑んで、それを適用しなければならないのでしょうか。それとも、良心にしたがうとあることを根拠に、別の方法を取り得るのでしょうか。当の法律を適用された結果、不利益をこうむるのは裁判を受ける側なのですから、これは国民にとっても重大事です。

裁判官は良心に反する場合、辞職して法律の適用を拒否すべきなのでしょう。突然辞職することは、当の事件ばかりか手持ち事件すべてを中断させることを意味しますから、少なからぬ混乱をもたらします。しかし、たとえ、そうであっても、良心にしたがうという見地から是認されると見られます。

すでに述べたように、自然法論、悪法論、抵抗権は、互いに密接な関係にありますが、いま述べたことは、一種の「裁判官の抵抗権」と考えられます。

この意味の抵抗を実践した代表例に、一九九五年に、ワシントン州最高裁のロバート・アター判事が死刑に関する法の適用を拒否するために辞職した例が挙げられます。

4　基本的人権と違憲立法審査権

「人権の砦」としての裁判所

裁判所は、「人権の砦《とりで》」とも言われます。憲法は基本的人権を保障し、その実現のために、裁判所が違憲立法審査権を持つということです。

この考え方は非常に重要です。同時に、その重大な意味合いを理解することは、そう簡単ではありません。「憲法は人権を保障している」「基本的人権は最高の価値」「憲法は国の最高規範」「人権保障は裁判所の役割」などの題目や標語だけでは十分とは言えません。

そこには、近代から現代へという憲法の移り変わりがかかわっています。そのため、「歴史的まなざし」が必要になります。

これまで、「司法権の独立」が何度も出てきました。それが成立した時代背景についても触れました。この司法権の独立が「近代」の産物だとすれば、違憲立法審査権は、裁判所にとっての「現代」を象徴するものと言えます。そして、それは、国家全体の仕組みにとっても、法治国家の意味の変化さえ伴うほどの激動の軌跡でした。

「法治国家」、「法治主義」、「法による行政」については、すでに出てきましたが、これらは、民主主義的原理を貫徹するためのものでした。いずれも、近代の憲法を支える理念です。そして、近代の憲法のもとでは、基本的人権は「法律の定めるところにより」という形で規定されるのが常でした。

これに対して、日本国憲法をはじめ、現代の憲法では、「法律の定めるところにより」という限定を付さずに基本的人権の保障を定めるが通例です。

人権保障に関する「法律の定めるところにより」という限定は、法律学の世界では「法律の留保《りゅうほ》」と言いますが、それがあるかないかで、近代憲法と現代憲法との間には違いがあります（近代憲法・現代憲法は立憲主義の観点からの言い方ですが、そこにおける近代・現代の区分は、両世界大戦を目安にしています）。

「法律の留保」

では、この違いは何を意味しているのでしょうか。近代憲法から現代憲法にかけて、「人権保障のレベルが高められた」ということでしょうか。

もちろん、それは一つの正しい答え方です。日本国憲法など、多くの現代憲法では、「法律の留保」をなくしましたが、それは、近代憲法の人権保障がうまくいかなかった経験（ナチス・ドイツの例など）を踏まえたものです。したがって、人権保障を強化する趣旨であることは間違いありません。

けれども、これは一面の真理にとどまります。それですべてが理解できるわけではありません。近代憲法も、基本的人権を最高の価値と考えていなかったわけではないからです。そして、憲法が国の最高規範であることや、憲法で人権を保障するという根本理念も認めていました。他方、現代憲法が「法律の留保」をなくしたといっても、それは、憲法によって人権を絶対的・無条件的に保障するという趣旨ではありません。人権保障は、「他人を害しない限度で」「社会に害悪をもたらさない範囲で」という制約を持ち、いずれにしても、人権は無制限に保障されるものではないからです。

それらの点では、近代憲法と現代憲法との間に、それほどの違いはありません。
では、どのような点で違っていたのかと言えば、決定的な違いは、人権保障の担い手にあります。

近代憲法の原理——国会中心の法治国家

近代憲法では、人権保障の担い手は、議会（国会）であると考えられたのです。国会は、選挙によって選ばれた議員からなり、国民を代表するわけですから、人権保障の担い手に最もふさわしいという考えです。国会が法律を制定する際に、憲法の人権保障の趣旨やその他の憲法的要請を考慮することで、人権保障は実現されるという考え方です。

この考え方からすれば、基本的人権について、「法律の定めるところにより」となるのは当然です。それは必ずしも人権を軽視しているからではなく、人権の担い手としての国会が国民の人権を侵害するようなことをするはずがないという見通しによるものです。国会は三権の中で国民に最も近い位置にあるのですから、この考え方にはもっともなところがあります。

また、三権分立との関係で言えば、近代憲法では立法府を中心とする三権分立になります。そこでは、民主主義的原理を貫くことに比重が置かれ（「国民→国会→行政」）、裁判所の役割は、行政府に対するチェック機能を果たすことになります。

現代憲法の原理——法治国家から司法国家へ

これに対して、現代憲法で「法律の留保」がなくなったことは、（理念的に人権保障を強化することのほかにも）法制度に関する重要な変更を伴っています。

第一に、いま述べたように、人権保障の担い手が国会から裁判所に移ったことが挙げられます。国会を人権保障の担い手とできないのであれば、その代わりになるのは裁判所しかありません。行政府は、「法による行政」により、国会にしたがうため、国会に代わる人権保障の担い手にはなり得ないからです。

第二に、裁判所が人権保障の担い手となったことで、国会が制定する法律は、裁判所による評価・検討を受けることになりました。それまでは、国会が法律の制定と同時に、法律の憲法への適合性を自主的に判断していたわけですが、いわば、第三者による審査体制に変わったわけです。ここに、違憲立法審査権を生じることになりました。そして、審査権限は強制力を伴わなければ十分でないため、結局、裁判所が立法を審査して憲法に適合しない法律は否定できる制度になったのです。

第三に、三権分立との関係で言えば、裁判所優位の三権分立になります。裁判所は行政府に対するチェック機能を果たすだけでなく、違憲立法審査権によって立法府に対するチェック機能も果たします。そこでは、民主主義原理ばかりを貫徹するのではなく、それを巻き戻すような方向で自由主義的原理が国家の仕組みの中に取り入れられています。

このような大きな変化を指して、現代国家は、「法治国家」を超えて「司法国家」に至ったと言われます。

日本国憲法は、大日本帝国憲法にはなかった違憲立法審査権という強力な手段を裁判所に与え、憲法の人権保障の担い手として予定しています。

裁判所は、「人権の砦」と言われるようになったのです。

違憲立法審査って何をすること?

違憲立法審査権について、少し注意を要するのは、それが文字どおりに法令を片っ端から審査することかと言えば、そうではないということです。そうではなくて、民事事件や刑事事件や行政事件などの裁判を通じて、法令の合憲・違憲が争点となった時に、はじめて審査権を発動するのが、日本国憲法の定める違憲立法審査のあり方です(アメリカ型、具体的審査制・付随的審査制)。

なぜ、そういう行き方をとるかと言えば、国民の具体的な権利に関連して憲法問題が提起された場合に、はじめて違憲立法審査を行うことが、人権保障と調和し、連続するからです。国民の人権保障という観点からすれば、抽象的に法令の合憲・違憲を判断する必要は必ずしもありません。

つまり、違憲立法審査権は、あくまで人権保障のためにあるという考え方です。

ただ、読者の中には、ここまで読んできて、「直接に法令を審査して、なぜ悪いのか」「法令が制定された時点で、憲法に適合するかどうかをはっきりさせた方がよいのではないか」と思った方もいるはずです。

実際、そういう行き方もないわけではありません。裁判による個別具体的な問題提起を待たずに、法令が制定される時に、大統領や首相などの申し立てにより、それらが憲法に適合するかどうかを審査するという制度設計もあります（ドイツ・フランス型、抽象的審査制・独立審査制）。

このような行き方は徹底しているように思えますが、実は、問題があります。

憲法裁判所との違い

この点は、裁判所というものをどう考えるかという根本にかかわります。事柄は制度の国際比較になってしまいますが、もう少しだけ踏み込んでみましょう。

ここで、あらためて思い出してもらいたいのは、この本の第一章や第三章で出てきた「裁判権と司法権の違い」についてです。

政治権力から独立して裁判を行う仕組みだけが「裁判所」の名に値するのであって、たとえ裁判所という名前が付されていても、政治権力から独立していないような組織や機関は裁判所とは言えないこと、そのくらい、大事なことが、この「政治権力から独立して裁判を行う」という特質であり、それを「司法権の独立」と言っていること、そのため、厳密には、裁判権の行使と司法権の行使は区別されること、たとえば、国王がやろうが封建領主がやろうが、「遠山の金さん」がやろうが「大岡越前」がやろうが、軍法会議であろうが革命裁判であろうが、裁判は裁判には変わりないかもしれないけれども、それらは司法権の行使とは言えないことなどについて、前に触れました。

ドイツ・フランス型の抽象的審査制では、違憲立法審査権を行使する国家機関は、「憲法裁判所（憲法院）」と呼ばれます。

それでは、この憲法裁判所は、「司法権」なのでしょうか、それとも「裁判権」なのでしょうか。

もっとはっきり言うと、憲法裁判所は、もしかしたら、国王、封建領主、「遠山の金さん」、「大岡越前」、軍法会議、革命裁判……などの、たとえてみれば革命裁判所のような政治性のあるものではないかということです。実際、フランスの憲法裁判所（憲法院）は、大統領の地位にあった者が自動的にスライドして終身の特別メンバーになるなど、政治的機関と言われてもやむを得ないものです。

そう、憲法裁判所は、司法権とは言えないのです。抽象的審査制の違憲立法審査は、裁判権の行使とは言えても、司法権の行使とは言えません。

この点でも、「裁判権と司法権の違い」をよく認識しておくことが必要なのです。同時に、憲法裁判所の根本的問題点も明らかになったと思います。

ここで言いたいことは、次のようなことです。

日本やアメリカ型の具体的審査制（付随的審査制）は、ある意味、不徹底に見えるかもしれません。けれども、実は、そこには、司法権の中に違憲立法審査権を位置づけ、違憲立法審査を司法権の行使として行うという重大な意味が隠されています。それは、裁判所から政治性を払拭《ふっしょく》して、「司法権の独立」を堅持することにつながります。そして、司法権の独立は、前に触れたように、国民の裁判を受ける権利に直結しています。つまり、「裁判所―司法権の独立―裁判を受ける権利」というひとつながりの図式を守り抜くという観点です。それが日本国憲法の真意です。

一言で言えば、憲法に適合するかどうか（「憲法適合性」）の審査は、やはり、人権保障の観点から行われるのが適切なのです。

この項目「憲法裁判所との違い」を終えるにあたって、さらに、試みに考えてもらいたいことを一つ提示しましょう。

前に、行政裁判所の話が出てきました。日本国憲法では、行政裁判所の存在を認めていませんが、大日本帝国憲法では、それを認めていました。ドイツやフランスでは、いまでも、この行政裁判所を認めています。どうしてそうなるのでしょうか。そこには、裁判所というものに対する考え方の大きな違いが横たわっています。読者のみなさん自身で考えてみてください。

「法の支配」の変化

「近代憲法→現代憲法」の移り変わりの中で、人権に関する「法律の留保」がなくなったことは前に述べました。これは、国家の仕組みの面では、人権保障の担い手が変化し、憲法適合性に関する判断権が、国会から裁判所へ移ったことを意味します。

立憲主義のもとでは、憲法適合性は、すべての国家機関がしたがわなければならない理念・目標であり、その最終的な判断権限をどの国家機関が持つかは、非常に重要な事柄です。

この観点から言えば、日本国憲法をはじめとする現代憲法は、立憲主義にとって極めて重要な権限を国会から取り上げて裁判所に与えたことになります。

また、これは、「法の支配」の意味内容が、「法律による支配」から「憲法による支配」へと重点を移したことを意味します（法の支配の「法」の意味が「法律」→「憲法」）。

ついでに言えば、いままで出てきたところから、「法の支配」は、「法治国家」や「法治主義」をしのぐ、さらに一段大きな理念であることがわかると思います。現代の裁判所のあり方は、この「法の支配」と密接な関係にあるのです。

基本的人権と自然法

よく「人権は大事」「最高の価値」などと、題目のように言われます。その意味合いを少し掘り下げてみましょう。

古代ギリシア以来、国家の法とは別に、自然法を認める思想があることについては、前に述べました。そして、現代の自然法論は人権思想と結びついていることにも触れました。自然法論によれば、国家が作る法であっても常に良いとは限らず、悪法があり得ます。現代の自然法論は人権思想を中核としますから、悪法とは、さしずめ、国民の人権を不当に侵害するような法と言えるでしょう。

本章で見た憲法論は、この「自然法論―悪法論」とパラレルであることがわかると思います。

日本国憲法をはじめとする現代憲法は、憲法的な「法の支配」の観点から、法律の留保なしに基本的人権を保障し、たとえ民意を反映した立法であっても、人権侵害のおそれを含むものは、憲法を根拠に法そのものを拒否できるという基本理念を採用しています。そして、その人権保障の担い手を裁判所として、違憲立法審査権を認めました。

このような憲法論の登場によって、悪法はおのずから憲法違反として否定されるという仕組みとなり、従来の自然法論、悪法論、抵抗権などの議論は、大部分が憲法論に移ることになりました。そして、これは、たとえ法実証主義の立場でも変わりません。前に触れた法実証主義の立場は自然法をまったく認めませんが、実際に制定された法としての憲法は、もちろん実証主義的に尊重しますから、憲法論としては自然法的議論を認めることになり、結局、共通の同じ土俵に立つことになります。

言いかえれば、自然法的＝普遍的＝超越的なものが、「基本的人権」として、あらためて現代によみがえったとも言えるのです。

これらのことを踏まえると、「人権は大事」「最高の価値」などの標語の真意は、一層はっきりするでしょう。

コラム4　「人権宣言」「立憲主義」と裁判所

人権宣言や立憲主義は、憲法と裁判所を考えるうえで、最も基本的な用語であり、理念です。ところが、これらをよく理解するためには、少し注意しなければならない事柄があります。

たとえば、人権宣言（一七八九年、フランス）では、「譲渡《じょうと》不可能かつ神聖な自然権」「人は自由と権利において平等」と高らかに宣言されています。けれども、決して、それらが保障されていることを意味しません。どういうことでしょうか。フランスで女性参政権が認められたのは、人権宣言から一五〇年以上経った一九四五年のことです。その一五〇年間、実際には、「人は権利において平等」でなかったわけです。これは、自由の国・アメリカにおいても同じです。ヴァージニア権利章典（一七七六年）の採択後も、実際には、八〇年以上も奴隷制度を続けていました（奴隷解放宣言は一八六三年）。

ここで言いたいのは、人権宣言やヴァージニア権利章典は偽りだったなどということではなく、人権や憲法は常に課題としての意味合いを持つということです。法学者イェーリングは「権利のための闘争」を強調しましたが、法の世界は、すべてが発展過程なのです。法律学では、それを「法の動態」と言います。

立憲主義について言えば、近代憲法は人権保障に「法律の留保」を設けていましたが、これを表面だけ見ると、近代初頭の人権宣言（「譲渡不可能かつ神聖な自然権」）よりも、人権保障が後退したように見えてしまいます。人権宣言の内容を「法の動態」から見る目がないと、よくわからなくなってしまうでしょう。また、「法律の留保」を動態的に見た場合、法律によりさえすれば何でもできるという趣旨ではなく、国会は憲法に適合するように法律を定めるという趣旨ではないかというひらめきが生まれるでしょう。そうなると、現代憲法の人権保障のあり方と連続的に理解することができるようになります。また、近代憲法と現代憲法を一つの立憲主義の発展過程としてとらえることが可能になります。

要は、法を発展過程の進行形と考えるのです。

もし、こういう視点を欠くと、近代の初めには「譲渡不可能かつ神聖な自然権」だったものが、近代の成熟期には「法律の留保」となって後退し、現代になってまた元の人権保障に戻ったというように見えてしまいます。

「法の動態」について、なおつけ加えることが二つあります。

「法の動態」と「権利のための闘争」は、日本国憲法自体が求めている事柄です。日本国憲法には、次のようにあります。「この憲法が日本国民に保障する基本的人権は、人類の多年にわたる自由獲得の努力の成果であって、これらの権利は、過去幾多の試錬に堪《た》へ」、「この憲法が国民に保障する自由及び権利は、国民の不断の努力によって、これを保持しなければならない」（第九七条、第一二条）。

もう一つは、「法の動態」と裁判所とは切っても切れない関係にあることです。人権や法が発展していくのは裁判所という場を通してなのですから。

第五章　裁判所という世界の美しい理念

1　裁判所と真理――「論理に基づく真実の裁き」

裁判所にとって論理が大事なのは、法を原理として理性的に活動する国家機関であることが、国家の権力構成上大きな意味を持っているからです。「真実の裁きを目指して法の論理で動く司法権は、そのほかに、力を発揮しようとする意思を持たない」と言えるからです。

これによって、権力（国家権力）であるにもかかわらず、国民の信頼を得ることが可能となります。

紛争を論争に変換

世の中で起こる様々な紛争は、少なからず感情的なもつれを伴いますが、裁判所は、これを理性的な論争の形に変え、法を原理として解決しようとします。

紛争を論争に変換する道筋は、次のようになります。

民事事件であれば、始まりは訴状という形をとります。刑事事件であれば、起訴状という形をとります。民事の訴状では、紛争の内容が「請求の趣旨」と「請求の原因」の二元的構成で記載されていなければなりません。刑事の起訴状では、検察官は、「公訴事実」という法律表現で事件を示さなければなりません。

その後は、それらを証拠によって立証していくというプロセスを踏みます。相手方（民事の被告、刑事の被告人）は、これに対して、反対の証拠を挙げて反証します。

そのうえで、裁判所は、唯一の正答を求めて、次のような論理的操作を行います。まず、できるかぎり予断を排して、正確に証拠を評価します。次に、証拠の推定力に基づいて事実を認定します。諸々《もろもろ》の証拠から事実を認定するプロセスが証明であり、そこでは「事実＝命題」とみて証拠の組み合わせによる論証が行われます。そうやって認定された事実に法令を適用して結論を出します。法令の解釈が問題になる場合には、論理的一貫性や関係諸分野との整合性などの点から条文を考察し、最も妥当と思われる解釈論をとります（「正答テーゼ」）。

また、判決（判決書、判決文）は、必ず、法的三段論法《ほうてきさんだんろんぽう》（判決三段論法）と呼ばれる論法形式で書くことになっています。法的三段論法とは、法規（R）を大前提、事実（F）を小前提として、大前提に小前提を当てはめて、結論（D）を出す定式を指します（「F×R＝D」）。裁判の結論が論理的に導かれたものであることを明らかにするために、不可欠とされます。

複雑な生《なま》の紛争を法的三段論法によって定式化すること（「F×R＝D」）は、容易なことではありませんが、この困難な作業を遂行することで、実際の紛争に伴う根深い感情的なもつれを昇華し、対立の拡大・激化を防いで、理性的な解決に至るという考え方です。

裁判所は、みずからを「法原理のフォーラム」と位置づけているのです。

民主主義モデルと真理モデル

古代ギリシアでは、民主制の最盛期には、市民（自由人）の参加を十全ならしめるために日当支給と役職のくじ引き制が導入され、同時に、民衆裁判が制度として成立します。そして、この民衆裁判によって、ソクラテスは死刑となります。

ソクラテスが罪に問われた理由は、真理を求める哲学的活動がギリシアの神々を軽視する風潮を広めるものとみなされたためですが、当時の制度では、自分の非を認めれば死刑をまぬがれることができました。しかし、ソクラテスは、そうすることをせずに毒杯をあおります。

それ以来、思想・哲学の分野では、民主主義モデルと真理モデルが、様々な形で深刻な議論を呼ぶことになりました。

先ほど述べたような裁判所の枠組み（「理性的論争」「正答テーゼ」「法的三段論法」「法原理のフォーラム」）は、近現代の裁判所は真理モデルをとっていることを意味します。

「投票で真理は決まるか」

裁判所は、民主主義モデルを破棄し、「投票で真理は決まるか」という旗を掲げていると言えるでしょう。

もちろん、裁判所の場合、真理モデルでは割り切れないところがあります。真理モデルの典型は数学ですが、裁判で対象になるのは紛争や犯罪現象などです。厳密な意味での論理や証明が成り立つわけではなく、数学や物理学で目標とされるような真理が存在するわけでもありません。また、自然科学のように高度な方法論が確立しているわけでもありません。さらには、哲学のように全身全霊を傾けて深遠な悠久の摂理を探求するのとも違っています。

ですから、裁判による「真相解明」とか、「法の論理」とか、「証明」などと言われると、そこに欺瞞《ぎまん》を感じる人もいるでしょう。

けれども、それらのことを承知のうえで、なお裁判所が「法の論理に基づく真実の裁き」にこだわるのは、自己目的として真理に到達しようというのではなく、国家権力としての権力性をできるだけ薄めようとするからです。モンテスキューは、裁判所は「無の権力」であるべきだと言いました。近現代の裁判所は、司法権の独立によって制度的に外からの政治的影響を受けないで済むわけですが、もともと、みずからを権力的に無にしていくという強い志向を持っています。

そのあかしが、「法の論理」と「真実の裁き」になるのです。

2　裁判所と人権――「人権を保障し自由と平等を実現する」

一般に、「人権を保障し、国民の自由を実現する」ことは裁判所の役目であると受け取られ、そう信じられています。ここでは、それが当たり前のように裁判所の役目とされるようになった経緯を振り返ります。この点は前章でも多少触れましたが、ここでは、さらにそれを掘り下げます。最も基本的な原理である国民主権の観点から始めます。

人権と国民主権の関係

人権と国民主権との関係については、ルソーに代表される伝統的理解がありました。「国民が主権者として法を決める以上、法に服従することは、自分が一員として定めた法にしたがうことであり、自分自身にしたがうだけだから、それによって、個人の自由は少しも損なわれない」という民主主義と個人の自由についての定式化です。これによれば、原理的に国民主権という政治・社会のあり方によって、国民の人権（個人の自由）は全うされるはずです。

反面、裁判所が「人権の砦《とりで》」として登場する必然性はなくなります。

また、一七八九年のフランス人権宣言では、「いかなる団体も、いかなる個人も、国民から明示的に発しない権威を行使することができない」とされました。この宣言は、国民主権の要請からは当然のようにも思えますが、いかなる国家機関も国民の意思にしたがわなければならないとなると、裁判所はどうなるのでしょうか。

国会は選挙に基づく国民代表であり、行政府は「法による行政」によって国民代表たる国会にしたがいます。しかし、裁判所は選挙とも無縁ですし、国会や行政はもとより国民からも独立して権限を行使します（司法権の独立）。

裁判所は民主主義モデルではなく、「投票で真理は決まるか」という旗を掲げていることも、つい先ほど述べたとおりです。

となると、裁判所のような国家機関は、国民主権のもとで、どのような根拠で、その権限行使が許されるのかという疑問が出てきます。

国民主権と裁判所

かつては、この問題については、「裁判所は法を適用するだけだから」という答え方で済みました。法律を適用するだけであり、その法律は国民代表たる国会が制定するのだから、そうである以上、国民主権に反するわけではないという言い方ができました。そして、むしろ、厳密に法を適用するためには、司法権の独立が必要であり、それによって、それだけ厳密に国民代表の意思にしたがうことになると言えたのです。

ところが、第二次世界大戦後、日本国憲法をはじめとして、多くの国が違憲立法審査権を導入しました。そうなると、もう、先ほどのような言い方は通用しません。違憲立法審査権の発動によって、裁判所は、国民代表の意思（国会の法律）を否定することになるわけですから。

極言すれば、国会で多数の議員が審議して時間をかけて成立にこぎつけた法律を、たった一人の裁判官が自分だけの考えで無効化することができるのです。

ここにおいて、民主的基礎を持たない国家機関（＝裁判所）の権限の許容性をどのように考えればよいのかという問題が再浮上しました。現代憲法における深刻な課題の一つとなっています。

「民主的専制」「多数者支配」とは何か

この問題に転回をもたらしたのは、トクヴィルやハミルトンの「民主的専制」「多数者支配」という考え方でした。

裁判官出身のフランスの政治家だったトクヴィルは、アメリカの政治や司法制度を観察して、多数者の意向を背景にした立法府が、しばしば少数者を圧迫している実態を指摘します。もともと、民主主義の多数決原理は、個別の政策論議ごとに多数者と少数者が入れ替わることを想定しています。だからこそ、国政選挙で、今回の選挙では何が争点になるとか、どの政策課題について政党間でどのように考え方が分かれるかなどが有権者にとって重要になるわけです。

ところが、人種問題や宗教問題をはじめ、深刻な政治的対立が生ずる事柄については、多数派と少数派が固定しがちです。そうなると、少数者の意見は、いつまでたっても、少しも反映されないことになります。トクヴィルは、これを「多数者支配」と表現し、

図9

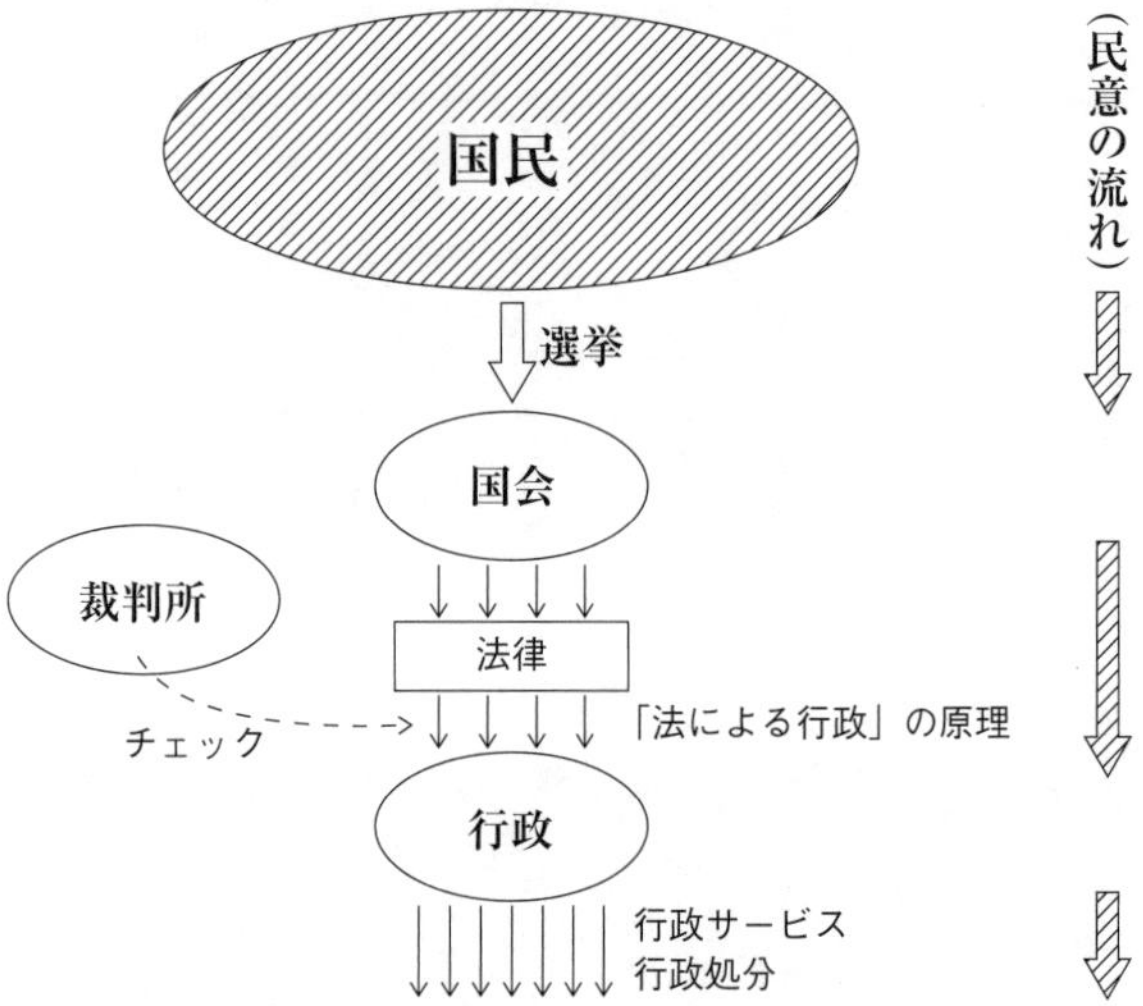

民主主義にも「民主的専制」という欠点があることを鋭く指摘しました。

その結果、「民主的専制」に陥らないためにはどうしたらよいかが、問われることになります。

この問題提起に対して、裁判所には民主主義的原理とは別のところで、少数者（社会的弱者）保護という重大な任務が課せられるのではないかという答え方が出てきます。それは民主主義の欠点を是正するための任務ですから、国民代表が制定した法律にも及びます。

図10

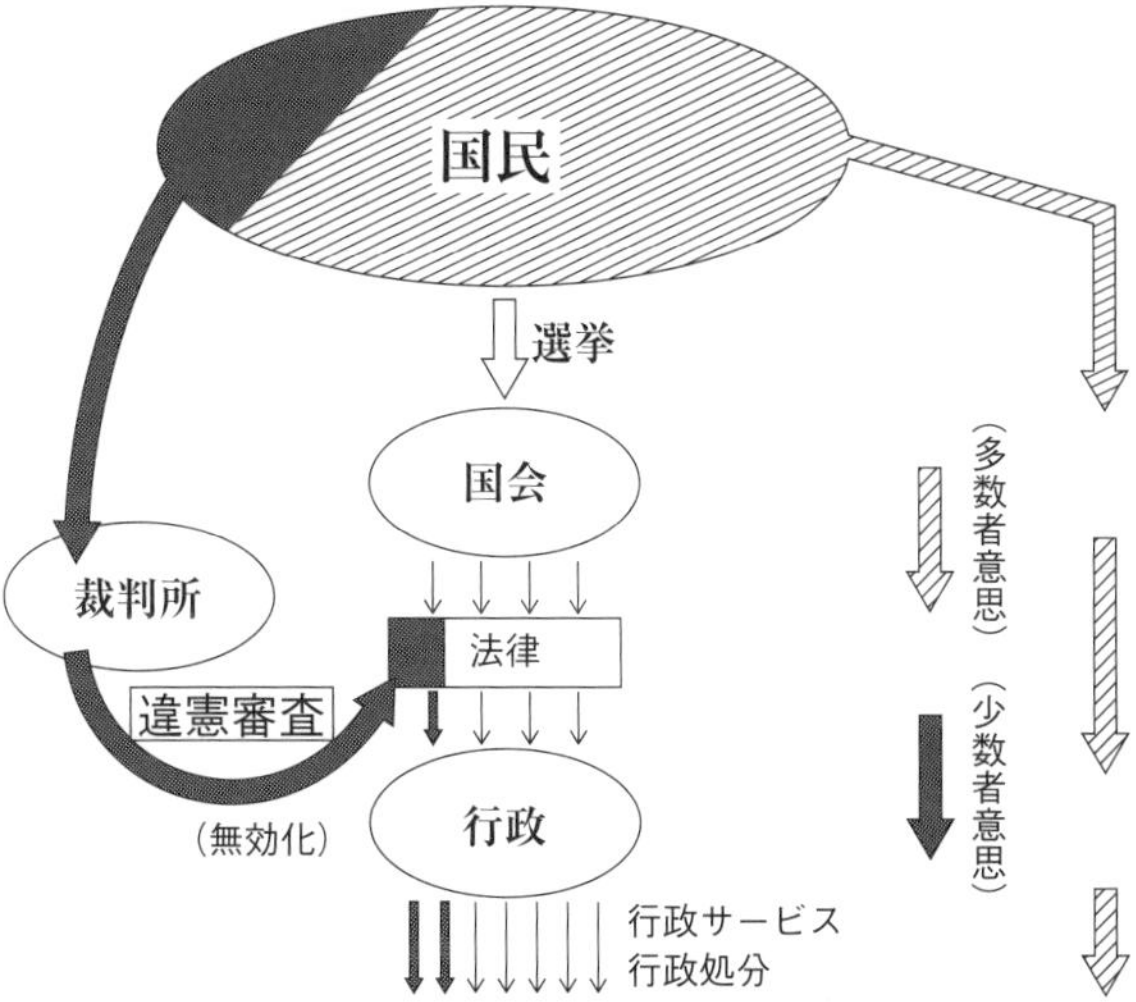

こうして、裁判所は民主的基礎を持たないけれども、それでも違憲立法審査権を行使することが許されるという理解が可能になります。そればかりか、「民主的専制」「多数者支配」の考え方のもとでは、むしろ、社会的弱者保護のために違憲立法審査権を行使しなければならないことにもなります。許されるかどうかという議論を超えて、一足飛びに、裁判所が「人権の砦」として登場する積極的な必然性まで肯定されるに至ります。前に触れたルソー流の定式

との関係も含めて、一挙に問題が解決されることになったわけです。「民主的専制」「多数者支配」の考え方は、裁判所のあり方にコペルニクス的転回をもたらしたと言ってよいでしょう。

「日本国憲法は多数者によっても奪えない人権を保障している」とよく言われますが、これも、掘り下げれば「多数者支配」「民主的専制」を指していることになります。

司法の積極主義と消極主義

けれども、「裁判所＝人権の砦」「違憲立法審査権＝社会的弱者保護」という形で問題がすべて一刀両断的に解決したかと言えば、そうではありません。むしろ、ルソー的な予定調和の原理とトクヴィル的な「民主的専制」の考え方は、現代の裁判所のあり方を大きく二分するほど、尾を引いています。以上で述べた二つの考え方は、人権保障のための違憲立法審査権の積極性・消極性という形で再燃しています。

というのは、トクヴィルの「民主的専制」「多数者支配」の考え方は、少数者（社会的弱者）保護を核心としますが、誰が少数者であるかは必ずしも明瞭ではないからです。

アメリカのように人種問題や宗教問題を抱える国ではともかく、一般には、社会問題は流動的で、固定的な「多数派・少数派」が見られることは、それほど多くないと言えるでしょう。日本のような同質性の高い国家では、とくにそうです。

そのため、少数者（社会的弱者）保護に関して、それが明白な場合だけ、違憲立法審査権を発動すべきで、そうでない場合には、ルソー的な国民主権の予定調和にゆだね、裁判所は踏み込むべきではないという考え方を生じます（「司法消極主義」）。

これに対して、トクヴィル的な「民主的専制」を重視する立場では、少数者（社会的弱者）が圧迫されている疑いが少しでもある以上は違憲立法審査権の行使を躊躇《ちゅうちょ》すべきでないという考え方になります（「司法積極主義」）。

実は、両者の対立は、違憲立法審査権に限ったことではありません。法の適用においては、前に述べたように、単なる機械的適用にとどまらず法創造機能がありますから、少数者（社会的弱者）保護に関してどこまで法創造機能を発揮するべきなのか、積極主義と消極主義の考え方の違いが出てきます。

現代憲法は、裁判所に違憲立法審査権を与えました。その限りでは、ルソー的な予定調和の原理はすでに克服されているかのように見えます。ところが、いざ、その違憲立法審査権の行使の段になると、ルソー的な原理とトクヴィル的な「民主的専制」の考え方の対立がもろに反映されてくるのです。さらには、その対立は、違憲立法審査権を超えて司法権の行使一般に大きく影響してきます。

現代の裁判所を考えるうえで、この二つの考え方は絶対に外せないのです。

前章では、「近代憲法→現代憲法」「法律の留保の消滅」「国会→裁判所の人権保障の担い手の変更」という歴史的過程を見ましたが、本章では、その理論的基礎づけを再論しました。そして、歴史的な出来事はすでに完結していますが、それをめぐる理論的背景は、なおも、裁判所や違憲立法審査権のあり方に影響し続け、いまも生きていることを明らかにしました。

違憲立法審査権については、前章から本章にかけて二章にまたがって述べてきましたが、以上で、その説明を終えました。第四章4と本章2で述べたことが、「憲法は基本的人権を保障し、裁判所は違憲立法審査権を持つ」の意味合いです。

日本の人権救済のあり方

では、日本の裁判所は、いま述べた司法積極主義・消極主義のどちらになっているのでしょうか。基本的性格は、司法消極主義になっています。

少し具体的に見てみましょう。

まず、経済活動の領域については、立法府の判断にゆだね、違憲審査を控えるという姿勢をとっています。これは、経済活動が国民の生存権に関係するような場合でも同じです。これらの基本姿勢は、サラリーマンが現行の所得税の仕組みが不公平税制であるとして訴えた事件などで示されました。

とくに、社会政策や経済政策に関係する分野では、立法府の広い裁量が認められ、合理性や妥当性を著しく欠いた場合でなければ違憲とはならないとしています。つまり、立法措置が逸脱しない限りは、司法的な介入をしません。この分野では、多数派と少数派は固定的ではなく、流動的な多数決原理が十分に機能すると見ているわけです。

他方、社会的弱者が固定化している場合には、弱者保護のために違憲立法審査に踏み込んでいます。

たとえば、二〇一三年に最高裁判所は、非嫡出子《ひちゃくしゅつし》（シングルマザーの場合で認知を受けた子どもなど）の相続分に関して、民法の規定を違憲と判断しました。民法では、ずっと非嫡出子の相続分は普通の場合（嫡出子）の半分とされてきました。これは、法律婚（正式の結婚）を推奨する趣旨でした。しかし、嫡出かどうかというのは、子どもから見ると、本人にはどうすることもできない「生まれ」に関することですから、最高裁判所は、民法の取り扱いは憲法の保障する平等に反するとしたのです。

この背景には、次のような事情がありました。

もともと、法律婚の保護のために嫡出子と非嫡出子の相続分に違いを設けるというのは、諸外国でも共通でしたが、一九七〇年ごろから、非嫡出子の増加を背景にして、各国で差異を解消する法改正の動きが活発となり、二〇〇一年には、先進国で区別を残すのは日本だけになっていました。欧米各国では、非嫡出子の割合が五〇パーセントを超えた国もあって、民意に基づく立法措置が次々にとられたのですが、日本の場合、非嫡出子の割合は、二パーセント程度でした。「立法による多数決原理にゆだねて解決」というわけにはいきませんでした。

ここでは、裁判所は、日本では非嫡出子は固定的な少数者であり、これ以上、差別的措置を続けるならば「民主的専制」「多数者支配」に陥ると判断しました。そのため、裁判所が「人権の砦」として登場することになったのです。

3　裁判所と正義――「徳・善・正義の要請」

ギリシアのソフィストの一人プロタゴラスは「善は色とりどり」と語りました。共和制ローマ時代の賢人キケロは、正義について「各人に各人のものを」と述べ、それはローマ法大全の冒頭の言葉にもなっています。

社会正義は多様な形で現れます。ここでは、裁判所がどのような形で社会正義にかかわってきたかを多角的に見ていきます。

犯罪被害者の訴え「正義を示してほしい」

一九九九年に発生した光市《ひかりし》事件は、犯人の少年が性的な動機から、白昼、平和な家庭に侵入して母子を殺害した重大事件でした。被害者二人の夫であり父親である遺族は、死刑を求め、裁判所に「正義を示してほしい」と訴えました。

犯人を死刑にすることが正義であるとすれば、そこに言う「正義」とは、いかなる犠牲を払っても貫かれなければならない秋霜烈日《しゅうそうれつじつ》の道義のことになるでしょう。

正義と慈悲の関係については、「憐れみなき正義は冷酷である」（トマス・アクィナス）などと言われますが、この事件の場合、正義に達するためには慈悲をかけることができないというぎりぎりの関係がありました。最も厳しい形で正義が問われたと言えるでしょう。

裁判所は、一審、二審とも死刑の求刑を退け、無期懲役の判決を言い渡しました。それまでの死刑基準を重視する限り、死刑の選択はなかったからです。先例上、死刑適用のための基準というものがあって、被害者の数や犯人の年齢などの諸要素を点数計算的に見積り、総合点の一定のラインで死刑の適否を線引きしていました。光市事件は、このラインより下の位置でした。

ところが、最高裁判所は、二〇〇六年、下級審の結論を破棄します。結局、二〇一二年に死刑が確定しました。

その背景には、二〇〇〇年ころから、犯罪被害者救済運動が国民やメディアの関心を集め、大きな社会問題となっていたことがあります。裁判の過程では、死刑を退けた一審、二審の判断に対しては、犯罪被害者救済運動の側からの批判もありました。

国民やメディアの裁判批判は、かつては最高裁判所長官から「雑音」などとして迷惑視されていましたが（一九五〇年代）、現在では、批判内容の説得力が裁判の結論に影響することは、司法権の独立に反するとはされていません。むしろ、「権利のための闘争」「法の動態」として、あるべき姿と考えられています。

光市事件で死刑の結論がよかったかどうかは別です。しかし、いずれにしても、最も厳しく正義が問われた苦渋の場面で、最高裁判所が「社会正義とは何か」に答えようとしたことは間違いありません。

公害問題で被害住民を救済——無過失責任へ道を開く

日本では、一九五〇年代から高度経済成長が始まり、国民一般に「豊かな社会」をもたらします。その反面で、一九六〇年代になると、急速な経済成長のかげで公害によるひずみが深刻な社会問題となりました。

被害住民は、次々に裁判所に救済を求め、企業を相手方とする民事裁判を起こしました。とりわけ社会的に大きな反響を呼んだのが、熊本と新潟の水俣病、富山のイタイイタイ病、三重の四日市ぜんそくで、これらは四大公害裁判と呼ばれました。いずれも、大企業による排水や排気が問題となりました。

訴えられた企業は、法的な因果関係（公害物質と健康被害との間の「原因＝結果」の関係）を争いました。これらの公害被害は、広い意味では、病気と病原との関係として考えられます。ところが、この場合に、医学研究と同様の手法を適用すると大きな問題が出てきます。厳密な研究結果によって、原因物質の特定が行われなければなりません。長期間にわたる患者（公害被害者）の臨床的観察が必要になります。それでは裁判をしている間には被害住民は救済されません。

裁判所は、医学で用いられている方法を適用するのではなく、公衆衛生の考え方を取り入れて、因果関係を肯定しました。公衆衛生の分野では、厳密な意味での病原体の特定まではできなくとも、対象集団を観察して統計的手法によって特性を判断し、疫病の拡散予防などに役立てていました。裁判所は、この手法を公害の因果関係の証明に用いることによって、被害者を救済したのです（「疫学《えきがく》的証明」）。

また、被告となった企業の側は、落ち度（「過失」）を争いました。健康被害を生ずることは予測できなかったとか、最高度の技術を用いて防止措置をとっていたとか、自社が行っていた企業活動には公共性があるなどと主張して、賠償責任を逃れようとしました。これに対して、裁判所は、損害の公平な分担という考え方（「利益の帰するところ、責任もまた帰すべし」）を押し出して、企業側には高度の注意義務が課されているとの判断を下しました。企業側の主張をすべて退け、住民の生命・身体・健康の保護が優先されなければならないという、はっきりした姿勢を示しました。

裁判所が四大公害裁判で第一審判決を出したのは、一九七〇年代のことでしたが、同じ時期に、立法措置によって、大気汚染防止法や水質汚濁防止法の中に無過失責任（利益を得ている者は落ち度がなくても賠償責任を負わなければならないという考え方）が取り入れられていきました。

これによって、日本社会は大企業優先の考え方から転換したわけです。

医療問題では患者側に——因果関係のハードルを外す

医学の世界では、一九六〇年代に入ると、生命倫理の一環として、「医の倫理」が大きくクローズ・アップされ、「インフォームド・コンセント」（医師による説明とそれに基づく患者の同意）、「自己決定権」（治療方法や予後の生に対する患者の自主的選択）などの新しい理念が登場します。

これらの理念は、医療現場だけでなく、医療紛争を通して裁判所にも取り入れられます。けれども、実際の医療訴訟では、小説『白い巨塔』（山崎豊子著）にも描かれたように、患者側が医療側になかなか太刀打《たちう》ちできない状況が続きました。その原因は、専門的知識の点で大きな差があることや、当の医療行為に関する情報が医療側に集中していること（「証拠の偏在《へんざい》」）にありました。

裁判所は、これらの状況に対する対策として、まず、中立的な鑑定を行うための専門医を確保し、次いで、訴訟の早い段階で専門医から鑑定的な意見をとれるようにするなど、医療をめぐる裁判のあり方を次第に変えていきます。また、証拠の偏在に対しては、法制度の柔軟な運用によって、医療側に存在する証拠を患者側が裁判前に無条件で取得できるようにしていきます。

そして、二〇〇〇年に至って、最高裁判所は、患者救済のために画期的な法理論を打ち出します。それは、医師の落ち度によって患者が亡くなった場合に、因果関係の証明を不要とするものでした。死亡との因果関係がなくとも、「救命できたかもしれない」ということが証明されれば一定の賠償責任を負うとし、その理由として、救命可能性は患者にとって大きな希望であるから、たとえ条文にはなくとも法的に保護されるべきであるとしました。

「因果関係」は、損害賠償において避けて通れない重要なポイントであり、それゆえに、これまでに被害者救済にあたって常に大きな議論になってきました。そのことは、公害問題でも出てきました。医療問題に限っては、事実上、そのハードルを外したわけです。

実は、この判例の理屈は、十分な法的根拠を持つと言えるか、疑わしいところがありました。「死亡との因果関係はなくとも救命可能性が失われたこととの関係では因果関係はある、だから従来の考え方と食い違いはない」という理屈でしたが、詭弁《きべん》的な色彩はぬぐえませんでした。法学者の一部からも、強い反対が表明されました。

反面から言えば、そこには、「救命できたかもしれないのに、医師の落ち度によって患者が救命されなかった場合の患者本人や家族の無念」に対して、裁判所として、何としても応えなければならないという強い決意が感じられます。そのために、通常の法の解釈の枠組みを超えて法の創造の領域に踏み込んだと言えます（「司法の法創造機能」）。

裁判所は、その後、この考え方を患者が死亡しなかった場合（後遺症が残ったような場合）にも拡大し、患者保護を推し進めています。

家族関係では旧弊打破——尊属殺人罪違憲判決

かつて日本の刑法には、尊属殺人罪というものがありました。尊属殺人罪は、子が親（や祖父母）を殺した場合に関する規定ですが、殺人罪よりも著しく刑が重く、法定刑は「死刑か無期懲役」となっていました。

最高裁判所は、この尊属殺人罪は、憲法に定める法の下の平等に違反するとして違憲無効としました。

この場合は、同じ家族関係における平等原則違反でも、前に出てきた非嫡出子の問題とはかなり違っています。

被害者が親であるがゆえに子が重く罰せられるのは、法の下の平等に反するとされたわけですが、「平等に反する」と言われてもピンと来ないかもしれません。親と子が平等でなければならないというのも、見方によっては変な話です。また、誰もが子の立場になり、親の立場にもなるのですから、特定の誰かを重く罰しているわけでもありません。親を殺害した当のケースと、親以外を殺害した第三者のケースとを比較して不平等になっていると言っているのだとすれば、なお変な話です。その第三者も、親を殺害すれば重く罰せられるのですから、とりたてて不平等はありません。

ここでは、実際には、平等観念によって封建的な道徳が問題視されているのです。「子は親を敬え」「子は親に孝養を尽くさなければならない」「親は親たらずとも、子は子たるべし」などの古い道徳観念をぬぐい去ろうというわけです。もはや古臭いものとなった旧来の儒教的な観念が「平等」の名のもとに排除されています。

しかし、さらに言えば、「子は親を敬い、孝養を尽くさなければならない」というのは、いかにも古臭い道徳観念かもしれませんが、それ自体は悪いとは言えません。いや、良いことです。良いことなのに、裁判所が否定することもないはずです。

では、なぜ、違憲無効とされたのでしょうか。

法の問題として、裁判所が否定的になったのは、このような旧来の道徳観念が戦前の家制度と結びついていたからです。そして、家制度は天皇制国家の精神的支柱となっていました。戦前の日本の社会では、天皇を中心とした大きな一つの家族という感覚が強く、それが国体（天皇制という国家のあり方）を支えていました。

裁判所は、尊属であるがゆえに重い刑を定める尊属殺人罪を、旧弊を引きずるものとみなしたのです。この時、日本社会は、すでに高度経済成長を達成していました。

ちなみに、裁判所が尊属殺人罪違憲判決を出したのは一九七三年のことでしたが、国会は、長らく、その判断にしたがおうとしませんでした。一九九五年まで尊属殺人罪を刑法典から削除することを拒み続けました。

公権力内の比較として見る限り、日本の裁判所は進歩的だと言えるでしょう。

投票価値の平等と違憲判断

民主主義は、選挙によって国民の民意が正しく国政に反映されることを前提としています。そのためには、選挙制度は、できるだけ正確に民意を反映するようなものでなければなりません。そして、そのために、最終的には、選挙区割りが重要な問題となります。

それぞれの選挙区において、選挙区内人口と選出される議員の定数の関係から、一票の価値を数値として割り出すことができます。その数値を比較すれば、一票の重みの違いがわかります。その格差ができるだけ少ないのが望ましいわけです。その格差の状況を「議員定数不均衡《ぎいんていすうふきんこう》」と言います。

選挙区割りは国会が行いますが、裁判所は、議員定数不均衡が著しい場合には、そのような選挙区割りは投票価値の平等に反し、違憲になるとの判決を一九七〇年代から繰り返し出してきました。

格差がどのくらいまで広がった場合に違憲とされるのかは、大選挙区・中選挙区・小選挙区制のいずれの選挙区制度をとるか、衆議院か参議院か、さらには地方議会の選挙なのかによっても違ってきますが、たとえば、中選挙区制時代の衆議院選挙では、最低値選挙区と最高値選挙区の投票価値の格差（当の選挙の最大格差）が「一対三」程度に至った場合には違憲とされていました。

その後、一九九四年の公職選挙法改正によって、衆議院は小選挙区制となり、一選挙区一人選出が原則になっています。それによって投票価値の格差がより目に見える形で顕在化《けんざいか》することになったと言えます。衆議院では、裁判所のたび重なる違憲判決を受けて、これまでに選挙区割りや定数の変更を何度か行い、二〇〇九年の総選挙当時には、小選挙区制のもとでの最大格差は、「一対二・五」程度になっていました。

それでも、裁判所は、さらなる改善を求めて、その後も違憲宣言を続けています。これは、裁判所が積極的に違憲立法審査権を行使しているように見えます。

けれども、先ほど出てきた「司法積極主義・消極主義」という区分では、積極主義をとっているとは言えません。なぜでしょうか。

それは、「議員定数不均衡、投票価値の格差、一票の重み」という問題の特質によります。議員定数不均衡は、民主制のメカニズムにかかわる事柄であり、そこでは、そもそも多数決原理が正しく働いているかどうかが問われています。いわば、民主主義の作動メカニズムにひずみが生じている場面です。したがって、この場面では、もはや国民主権と民主主義的原理にゆだねるという選択肢はありません。裁判所がそこに踏み込むのを控える理由はなく、司法消極主義によっても、違憲立法審査権の行使を躊躇すべきではないのです。

別の角度から言えば、次のようなことです。司法積極主義・消極主義は、「多数者支配」の中で、少数者（社会的弱者）の保護をどう見るかという点に関する見解の相違でした。ところが、ここでの問題である選挙は、明らかに、民主主義国家における「多数派・少数派」の形成より前の場面です。おのずから、司法積極主義・消極主義以前の問題です。

集会・デモの自由には消極的

集会やデモ（集団行動）の自由については、裁判所は、それらが行われる場所や時間や方法について規制することはできるという立場をとっています。市民は、集会やデモを行おうとする時には、あらかじめ決められた手続を踏んで、決められた場所や時間や方法を守って実施しなければならないわけです。

このような考え方がとられているのは、集会やデモは、必然的に、会館（市民会館や福祉会館など）、道路、公園、広場などの使用を伴うからです。他の一般の人たちの利用など、公《おおやけ》の管理権という観点からです。

しかし、他方では、このような考え方によれば、自然発生的に市民集会やデモ行進などが行われた場合には、無許可集会、無許可行動で違法ということになりかねません。市民の間で自然に集会やデモ行進が起こるというのは、運動自体が民衆の間に広く根を下ろしている場合に多いと言えるでしょう。一九八〇年代の冷戦崩壊時の東欧諸国の民主化運動が、その代表例です。

かつて日本でも、広汎に市民が参加して国民運動にまでなった六〇年安保闘争がありました。自然発生的な民衆運動は、思想史的にはジョン・ロックなどが認めた「革命権」にも連なる事柄です。前に悪法に対する「抵抗権」が出てきましたが、ロックは、その延長として、圧政に対する「革命権」を肯定しました。

日本の法令・条例では、無許可集会、無許可行動に刑事罰を科しているため、憲法上大きな問題となります。

実際に、この問題は、一九六〇年代半ばの佐藤栄作首相の訪米反対をめぐって一三年間にわたって裁判で争われました。この裁判では、下級審（東京地裁、東京高裁）が上級審である最高裁判所の示した見解にすんなりとしたがわず、無罪の判決を下し続けるという出来事がありました。最終的に、最高裁判所は「下級審の反乱」を抑え込み、一九八一年に、自然発生的な無許可デモに対する処罰を確定させました。

日本の最高裁判所は、草の根的な集会やデモには、不寛容な姿勢をとっていると言えるでしょう。

公務員の労働基本権では二転三転

国家公務員法や地方公務員法などで、公務員にはストライキ権が全面的に禁止されています。

一九六〇年ころまでは、裁判所では、これを当然視していました。当時は、官公庁の職員のほか、国鉄（現・JR）や郵政事業（現・日本郵便株式会社）の労働者まで公務員に準じる扱いを受けていたため、これらの労働組合がストライキを行って、組合員が罰則違反で刑事責任を問われるということがしばしばでした。それに対して、裁判所は有罪判決を下していました。

ところが、一九六〇年代半ばになって、最高裁判所は、従来の判例を変更して、公務員のスト権の全面禁止は、労働基本権を保障している憲法二八条に違反する疑いが強いとの見解を明らかにしました。違憲の疑いが強い以上、そのまま適用することはできず、禁止を限定的に解釈しなければならないとしました。その結果、不当な実力を用いた場合以外は、ストライキは処罰されないことになりました。

この判例変更は、官公庁の労働組合運動に勢いを与えますが、反面では、国鉄の労働組合が「順法闘争」(安全運転を名目とした減速遅延運行)や「順法スト」(運休)を多用し始めたことに対して、国民の目が厳しくなります。一九七三年の三月には遅延運行に苛立った乗客が上尾駅で暴動を起こし、翌月には、首都圏の主要な駅で同時多発的な暴動が発生しました(「首都圏国電暴動」)。

このような状況のもとで、一九七三年四月二五日、最高裁判所は、再度、判例変更を行って、あらためて公務員のスト権の全面禁止を合憲とします。理由は、公務員は「全体の奉仕者」（憲法一五条第二項）であり、公共的なサービスの提供を任務としているのだから、ストライキによって国民生活に重大な支障を及ぼすことは許されないというものでした。

この最高裁判所の判決の直前には、国鉄の労働組合は、一九七三年「春闘」（全国の労働組合が毎年春に共同して行う賃上げ要求）に際して、ゼネスト（全国規模のストライキ）の実施を予定していました。まさに、その前夜（二日前）に、最高裁判所の二度目の判例変更は行われたわけです。

裁判所は、ストに対する利用者国民の反応などから、国民の日々の暮らしに直接的な影響が及ぶデリケートな事柄であることを肌で感じとり、その結果、この人権問題は民意にゆだねるべきだと考えるに至ったわけです。

ここには、判例変更、社会の動き、国民の反応、民主主義原理など、裁判所をめぐるダイナミックな関係がうかがえます。

自衛隊と憲法九条では現状追認

日本国憲法九条は、戦争放棄、戦力不保持、交戦権否認を定めています。

けれども、現実には、日本には自衛隊が存在し、アメリカ軍基地には、日米安保条約に基づいてアメリカ軍が駐留しています。それは、戦力を持つことにはならないのでしょうか。また、戦争放棄や交戦権否認の趣旨に反するのではないでしょうか。当然、それらの事柄が憲法上の大問題となります。

しかし、日本の裁判所は、この点に関する判断を極力避け、憲法判断をしないという姿勢をとっています。自衛隊については、憲法判断はほとんどしていません。日米安保条約に基づくアメリカ軍の駐留については、明白には違憲ではないとし、それ以上の憲法判断はしないと宣言しています。

これでは、何か、重大な問題から逃げまくっているような負の印象を受けてもやむを得ないかもしれません。けれども、憲法論的には、必ずしもそうとばかりは言えません。

これが何を意味するかと言えば、自衛隊の存在や日米安保体制のような一国の存亡にもかかわる事項については、民意にゆだねるという考え方にほかなりません。

裁判所の場合、「司法権の独立」の反面として、直接的に民意が反映されることはありません。そうだとすれば、そのような国家機関が一刀両断的に判断してよいことではなく、世論によって政治的過程で決めるのが適切だという見方です。そのために、裁判所は権限の行使を自制するということです。

司法過程で決めるとすれば、一人～三人（下級審裁判所）、多くとも一五人（最高裁判所）の判断で国の命運が左右されかねないことになります。それは、国家のあるべき姿ではなく、国民多数の議論によって決めなければならないと裁判所は考えているわけです。

様々な社会正義の実現

思想・哲学の世界で論じられる「正義」の観念には、それ自体と言うほかないような正義の究極体（たとえば、プラトンの「イデア」）と、社会にとっての共通の有用性を意味する実践的な正義観念（たとえば、ジョン・ロールズの「公正としての正義」）の二通りがあります。

一般社会の言い方では、前者は、「天の道」「人の道」とか「義」などと言われるもの、後者は、「われわれの社会のあるべき姿」「望ましい社会構造」がそれぞれ相当するでしょう。

以上で見たところから、裁判所には、後者の「公正としての正義」はもちろん、前者の究極的な正義の問題までが持ち込まれているのがわかるでしょう。

これは、他の公権力のあり方とは対照的です。

たとえば、討議の場であるはずの国会は、すでに正義を論じられるような場ではなくなっています。法学者カール・シュミットによれば、現代の議会は、もはや、政党間の誇張したやり取りとヤジの飛び交う低俗な攻防の場にすぎず、議員各人は利権をめぐって動いているだけで、できることと言えば、せいぜい、背後に存在する各種利益団体の権益を調整することぐらいであると断定されています。国民主権と近代議会制民主主義は、政党支配とマスメディアの発達によって、大きく変質してしまいました。

また、行政府はと言えば、こちらは、現代社会における政策課題の著しい高度化・複雑化によって、目標達成を実務能力の高い官僚へ依存せざるを得ない状態に立ち至り、官僚主体の行政となっています。現実には、高級官僚によってほとんどすべてが担われており、市民とは無縁の「エリートによる効率主義」が行われています。

いまや、正面から社会正義とかかわりあう公権力は、裁判所だけになっていると言えるでしょう。

その状況を可能にしているのは、ここでも「司法権の独立」にほかなりません。と同時に、戦後、日本の裁判所が主体的に社会正義に関与しようとしてきたことも事実です。

コラム5　裁判所をめぐる「民主主義的原理」と「自由主義的原理」

本文で、国民主権をめぐるルソーの思想について触れました。

それを少し詳しく言うと、「社会契約、一般意思、自由（社会の成り立ち、立法、人権）」に関する原理で、その内容は、「主権者である国民が法を決めるのであれば、法に強制されるとしても、もとをたどれば、自分自身にしたがうだけだから、個人は最初の自然状態と同様に自由である」「それゆえ、主権者の表明した一般意思が法をなす」「一般意思は誤ることはない」「一般意思によって市民は一人の人間として自由である」というものです（『社会契約論』）。

この思想は、近代憲法の基本的理念となり、国民代表たる議会（国会）が人権保障の担い手となるという考え方を生みました。ここでは、そういう制度論を超えて、もっと深く哲学的な意味について探っていきましょう。

ルソーの定式によれば、自由と民主主義は一つです。その間に矛盾や対立はありません。実際、私たちの社会で民主制（政体）がよいとされるのは、それが国民の自由を確保するために最も適していると信じられているからです。

この思想は、国民主権のもとで自由と民主主義が一つの輪となって近代をかたちづくり、そこに封建社会のくびきを離れた個人を後押しするという力強さを持っています。また、人類史の壮大な舞台の中で、国民主権によって自由と民主主義を打ち立て、圧政からの解放を勝ちとるという鮮烈なイメージをいまなお、私たちに与え続けています。

国民主権、個人の自由、民主主義の本質について、そして、それらの相互関係を考えるうえで、最も重要な基礎を提供していることは間違いありません。

ただ、これが他の法思想、たとえば、三権分立思想とどのような関係になるのか、不明でした。ルソー的な原理によれば、国民の意思に発している以上、権力はいくら強くてもかまわないはずです。「権力を弱める」という三権分立は必要ないということにもなりそうです。実際、共産主義による人民独裁思想は、その例と言えるでしょう。

そのような中で、トクヴィルの「民主的専制」「多数者支配」の考え方は、ルソー的原理の盲点を突くものになっています。これによって、はじめて、私たちはルソーの定式の呪縛《じゅばく》から逃れることができたと言えます。反面、それまで一つのはずだった自由と民主主義が、はっきりと分かれることにもなりました。ここに、私たちは新たな課題に当面することになったわけです。

ここからは、再び制度論です。

もはや、自由と民主主義の予定調和は崩れ、法制度の中で、民主主義的原理と自由主義的原理を分けて考え、それらをどこに、どのように位置づけ、そして、そのうえで、再度どのように統合していけばよいのかが、新たな課題となりました。

たとえば、三権分立や違憲立法審査権は、自由主義的原理に属します。他方、国会の国民代表制や選挙における一票の価値の平等などは、民主主義的原理に属します。そして、現代の憲法は、自由主義的原理と民主主義的原理を重層的に組み合わせ、微妙にかみ合わせて、最も人権保障に適した国家の仕組みを探るという行き方になっています。

裁判所は基本的には自由主義的原理に属しますが、アメリカでは、裁判官の公選制を部分的に取り入れて民主主義的原理をはさみ込んでいます。日本でも、最高裁判所の裁判官は国民審査を受けることになっています。また、二〇〇九年に導入された裁判員制度では、市民の代表が刑事裁判に参加することになりました。裁判所に国民代表的要素を取り入れたものと言えるでしょう。

組織としての裁判所の性格も、このような自由主義的原理と民主主義的原理の兼ね合いで決まってくるのです。

第六章　裁判所をめぐる理想と現実のギャップ

1　民事裁判は書面主義「法廷は三分で終わり」

民事司法は中身より事件処理件数

読者のみなさんが法廷傍聴をされたならば、民事裁判の中身がないのに驚くことでしょう。

あらかじめ提出しておいた書面（「準備書面」）を「陳述しますか」「はい、陳述します」というやり取りで、民事の法廷弁論はほぼ終わりです。あとは、せいぜい、次の進行についての訴訟指揮がある程度です。実際に要する時間は、三分から五分程度です。

なぜ、こうなるかと言えば、民事では手持ち事件の件数が多いからです。東京地裁であれば、裁判長や右陪席は常時三〇〇件超、左陪席は一〇〇件弱といったところです。

これでも、一昔前よりは随分余裕ができたはずで、私が民事裁判官をやっていたころは、一件当たりの平均弁論処理時間は一分三〇秒しかありませんでした。とにかく、手持ち事件を早く進行させて、早く判決を書き、終わらせることが第一なのです。もたついていると、容赦なく新件が加わってきますから、手持ち事件がさらに増え、さらに苦しくなり、いずれパンクすることになります。

厳しい「裁判のノルマ」を背景に、民事法廷での弁論は、まったく形骸化《けいがいか》しているのです。

極端な書面主義は憲法違反の疑いあり

いくら事件数のせいとはいえ、このような極端な書面主義をいつまでも続けていることには、大きな問題があります。

裁判の公開原則は、国民の裁判を受ける権利と深く結びついていますが、公開の要請は、当然に口頭主義を帰結するというのが一般的な理解です。そもそも、民事の弁論は「口頭弁論」と名づけられています。

つまりは、現在の民事裁判のあり方は、憲法違反の疑いがあります。傍聴人にすれば、「準備書面を陳述しますか」「はい、陳述します」などというやり取りを法廷で聞かされても、何の意味もありません。実質的に見て、裁判公開の要請は何もみたされていません。

2　刑事裁判は検察依存「九九・九パーセント有罪」

刑事裁判官と民事裁判官の大きな違い

同じ裁判官でも民事と刑事では、その立場に大きな違いがあります。

民事裁判官は、一般的に言って、原告・被告のいずれに肩入れする動機も理由も利害関係もありません。性質上、自然中立であり、たとえて言えば、野球のアンパイアと同じです。

これに対して、刑事裁判官の場合は、まったく事情が違い、広い意味での「権力の行使者」と言えます。犯罪に対して国家刑罰権の発動を担う国家機関にほかなりません。

治安維持の役割を担っているのです。そのこと自体は刑事裁判官の宿命ですが、国家の権力作用を担わざるを得ない中で、どこまで憲法の人権保障を打ち出せるか、そこに真価が問われます。また、それによって、その国の裁判所（刑事部）の性格が決まってきます。

日本の刑事裁判官は、治安維持の担当者という色彩が著しく強くなっています。日本では、裁判員制度が始まるまでの三〇年間、有罪率はずっと九九・九パーセント前後で推移していました。一九九七年には、九九・九五七パーセントを記録しました。

日本の刑事司法は中世並み？

二〇一三年の国際会議では、モーリシャス共和国の委員から「日本の刑事司法は中世並み」と批判されました（国連拷問禁止委員会・日本政府報告書審査）。

これは有罪率の高さのほか、日本の刑事司法の様々な問題点を含めた指摘でしたが、九九・九五七パーセント有罪というのは、まったく言い訳ができない数字と言えるでしょう。

第一に、そこまで有罪率が高いとなると、その中には、誤判による冤罪《えんざい》（無実なのに誤って有罪と判決されること）が少なからず含まれているのではないか、そういう疑念が出てきます。「それはない」と言い切れる保証はどこにもありません。

第二に、仮に、九九・九五七パーセント有罪がすべて正しいとして、それでは、もはや検察が裁判をしているに等しいのではないかという問題です。誤差は、〇・〇四三パーセントなのですから。言うまでもないことですが、裁判所に代わって検察が有罪・無罪を決める国家体制など、世界じゅうどこを探してもありません。これでは、近代国家の体《てい》をなしていないと言われてもやむを得ません。

見方を変えれば、この事態は、まさに、「遠山の金さん」や「大岡越前」の時代と同じです。奉行所が有罪・無罪を決めていたのに先祖返りしています。日本は、明治維新後、西洋化・近代化に苦心惨憺《くしんさんたん》しましたが、行きつく先がこれでは……。憤懣《ふんまん》を通り越して、悲しいものがあります。結局、本質は江戸時代と何も変わっていないのかもしれません。

3 憲法訴訟は判断回避「違憲はいけん」

裁判所の違憲判断の実績

戦後、日本国憲法によって裁判所に違憲立法審査権が与えられたことの意義とその重要性については、すでに見ました。では、日本の裁判所の違憲判断の実績は、どうなっているでしょうか。

戦後七〇年の間に、法令を正面から違憲としたのは十数件程度にとどまります。そのため、違憲立法審査権は形骸化していると法学者によって批判されています。いま見た数字に表れているように、日本の裁判官は違憲判断には、極めて消極的です。その理論的根拠は、第五章で出てきた司法消極主義ですが、下級審の個々の裁判官には、とにもかくにも、違憲は避けたいという心性があることも事実です。それは、最高裁事務総局の監視により、現場の裁判官に萎縮的な効果が生じているためです。違憲判断などすれば目立ってしまうことは明らかです。それが最高裁で覆った日には、いたたまれない状況になり、辞職するほかなくなります。

国際平和と戦争放棄から手を引く

違憲判断に対する消極姿勢は、一応は、司法消極主義から正当化できるかもしれません。

けれども、その結果、見逃せない問題を生じています。それは、憲法九条に関して、日本は、他国に類を見ない平和主義をとりながら、かえって、軍事（有事）に対してノー・コントロールの状態になってしまっていることです。国として奇妙なパラドックスに陥っています。

自衛隊、日米安保条約、アメリカ軍の駐留問題などに対して、裁判所が憲法問題に踏み込むのをことごとく避けてきたことは、すでに述べました。これによって、国際紛争発生時に自衛隊が海外にどの程度の範囲で、どこまで出動し、どう展開し、どのような戦力を投入するか、米軍といかなる連携をとるかなど、有事の行動をしばる一切の規範的統制がなくなっています。たとえ、その行動が自衛隊法や有事立法に基づいていたとしても、それらの法令の憲法適合性が何も保障されていないならば、規範的統制とは言えません。

ドイツなどでは、憲法で軍事力の行使に明確な枠をはめ、規範的なコントロールを徹底していますが、そのような行き方とは対照的です。

4　これからの裁判所を展望する

現実問題として、私たちの社会は、不平等でいっぱいです。生まれつきの能力や容姿や家柄や財産で、幸福になれるかどうかも違ってきます。経済活動は弱肉強食、その他の世界も生存競争の優勝劣敗で動いています。私たちは、自然の理として、適者生存を受け入れなければならないのかもしれません。

けれども、それは、経済、生活、職業、収入などの私的領域のことです。公的領域（「公共世界」）では、平等、自由、正義、相互理解などが「共通善」として追求されます。そして、そこに、人間の社会だけが公共世界を持つことの意味があると言えるでしょう。司法は、その公共世界において中心的な位置を占めます。

ところが、すでに見たように、日本では、裁判所のこの面におけるモチベーションが落ちているのです。

そのような中で、二〇〇九年、裁判員制度が開始されました。これによって、市民が重大な刑事事件の裁判に参加し、裁判官と変わらない権限を持って判決に関与することになりました。裁判員制度のもとでは、これまでのように狭い法律的な議論に終始するのではなくて、市民と裁判官の討議を通して、市民感覚が刑事裁判の中に生かされることになっています。そして、この制度のもとでは、市民が憲法判断に踏み込むこともできるのです。

新しい公共世界の主役

公共世界の活性化を目指して展開された現代社会思想に、討議モデルの理論があります。

「合意形成型討議モデル」（ユルゲン・ハーバーマス）や、「対話型コミュニケーションモデル」（チャールズ・テイラー）が提唱されています。前者は、市民がしがらみを離れて自由な立場で理性的に討議を重ねることで一つの合意に至るというモデルです。後者は、異質な他者を承認したうえでコミュニケーションを通して相互理解に至るというモデルです。これらは、単なる議論の進め方ではなく、正義や倫理の形として考えられています。

このような観点から見た時、裁判員制度は、「合意形成型討議モデル」にそのまま重なります。裁判員制度では、市民は、一切の利害関係、上下関係を離れた法廷という場で、世間的思惑や経済的利益にとらわれることなく、理性的な議論を進めます。そして、刑事裁判の「罪と罰」について、一つの合意に至ることを想定しています。

現実に、裁判員制度の導入によって、「九九・九パーセント有罪」で象徴される刑事裁判にも、ここ数年、はっきりとした変化の兆しが表れてきました。

また、民事では、二〇〇六年から労使間の紛争解決のために導入された労働審判員の制度があります。こちらは、「対話型コミュニケーションモデル」に相当します。この制度のもとでは、労働審判員に任命される市民は、それぞれ、労働者側・使用者側の出身者で、異なる立場に立っています。異質な立場から対話的に意見を出すことによって、裁判官と共に、鋭く対立する労使間に一つの解決をもたらそうとするものです。

労働審判員の制度も、発足以来、労使間の調整機能を順調に果たしています。今後、さらに民事分野で市民参加の範囲が広がっていけば、民事裁判一般にも変化が起きるに違いありません。

市民には、公共世界において主体的な役割を果たすことが期待されているのです。

社会の中で変わりつつある「裁判の真実」「裁判所の正義」

現代思想としての討議モデルは、公共世界の活性化にとどまらず、真実や正義の観念にも関係しています。

真実とは、旧来の考え方では、「明証的に知り得るところ」とか「認識と客観との一致」などと考えられてきました。正義は、もともとは、侮辱に対する「復讐」や、友朋《ゆうほう》に対する「歓待」を意味する観念でした。

哲学的に、真実や正義の観念がどのように考えられるにしても、社会思想としては、それらの観念が人々の共感をもって支えられなければ、世の中を動かす力にはなり得ないでしょう。ハーバーマスによれば、市民が、しがらみや力関係を離れた真に自由な場で、理性的な討議を重ね、そのような討議の結果、合意に至ることができるならば、その合意を真実とみなし、その過程を正義とみなすことができるとされ（「討議的正義」）、その社会科学的な論証が様々な角度から試みられています。

これは、裁判所自体が、もはや、法的手続だけで事足りるようなシステムから脱却しなければならないことを暗示しています。

市民が裁判所を一つの公共世界として、その中で、どれだけ市民的徳性を発揮することができるか。それが、これからの「裁判の真実」「裁判所の正義」のカギになっていくことでしょう。

コラム6　集団的自衛権容認で国家緊急時の人権保障はどうなるか

近年、日本は、ついに、集団的自衛権の行使に踏み込み（二〇一四年七月閣議決定）、そのための関連法案を成立させました（二〇一五年九月平和安全法制成立）。

これによって、自衛隊の武力行使の機会が増えるとともに、日本本土がテロ攻撃にさらされる危険も増えることになりました。つまり、国家緊急時の到来が現実味を帯びてきました。

平時と有事では、法規範の意味合いや人権保障がまったく違ってきます。戦闘による敵のせん滅は、平時であれば大量殺人であっても、有事では、称賛されるべき「お国のため」の行為に一変します。在留敵国人を強制収容所に入れることは、人身の自由の侵害ではなくて、国防上の正しい行為とみなされます。同じ行為であっても、平時から有事へと切り替わることで、その法的、社会的意味合いが裏返ってしまうわけです。

日本国憲法のもとでも、国家緊急時には、外国人強制収容所を設けたり、戒厳令を布告して国民の自由一般を停止することが可能です（「国家緊急権」）。

日本国憲法の解釈として、国家緊急権は否定されているとの憲法学者の見解もありますが、その根拠とされているのは憲法九条の平和主義であり、平和主義自体が大きく変化した現在では、残念ながら、説得力を失っています。アメリカ、イギリス、ドイツ、フランスなど多くの国でも、憲法上の根拠いかんを問わず、国家の固有の権限として当然のように認められています。つまり、現実に、有事の際には、国家緊急権の発動として、私たち国民の人権保障は停止されることがあると考えておかなければなりません。

有事の国家緊急権は、文字どおり、私たちの生活世界を一変させます。

実は、この国家緊急権に対して、個々の国民の側からの抵抗の権利となり得るようなものが、日本国憲法の中にありました。憲法前文《ぜんぶん》は「われらは……平和のうちに生存する権利を有する」と宣言しています。この平和的生存権は、「平時から有事へ」と国家モードが切り替わるのに、くさびを打ち込み得るものです。私たちの基本的人権が停止されるような事態になることを引き留める「メタ（全体を支える高次の）権利」と理解されます。有事において、安易に国家緊急権が発動されることに対して、警鐘を鳴らす唯一の手段でした。

ところが、日本の裁判所は、自衛隊の合憲性が問題になった訴訟において、肝心の自衛隊の地位については何も憲法判断をしないでおきながら、平和的生存権についてだけ判断し、それは単なる言葉のアヤで権利性は認められないと言い切っています（長沼ナイキ基地訴訟の札幌高裁判決・最高裁判決）。

国家緊急権に対する国民の抵抗の道をあらかじめふさいでいるのです。裁判所は、日

——本国民の未来に対して、どう責任をとるつもりなのでしょうか。もはや、市民が参加して司法を変えるほかないということなのでしょう。

あとがき

この本は、若い世代に向けて、一般教養として書いたものですが、私なりに、いくつか野心的な試みをしています。

それは、第一に、裁判所についての知識だけでなく、一般法学、憲法学、法哲学への招待を兼ねている点です。それも、できるだけ専門的な内容のレベルを落とさずに、十代でも一読してわかるようなものを目指しました。

第二に、想定読者として、十代の若い世代だけでなく、その世代を教える方々を念頭に置いて書いたことです。高校や中学の公民・歴史分野で、教員の方々が裁判制度や法制度を教える際に、はっきりしない事柄、紛らわしい事柄がいろいろと出てくるはずです。法学部卒でない社会科の教諭が疑問に思うであろうこと、それらが氷解するように心がけました。

第三に、若い世代のための入門書とはいえ、建前論だけに終始することはやめました。

そうしたのは、制度の裏側に言及した方が理解しやすくなると考えたからですが、裁判所や法制度には、実はデモニアック（悪魔的）な面があるのです。

このところ、中学教科書への寄稿など、思いがけず、若い人たちに向けてメッセージを伝える機会が多くなってきました。これも私自身の年齢のせいなのでしょうが、最近の裁判や検察の動きを見るにつけ、後の世代に期待する思いを強くしています。

最後に、本書も筑摩書房編集部の松本良次さんの勧めと助力によって成り立っています。松本さんにお世話になって本を出すのは、これでもう四冊目になります。ここに、四たび深謝します。

ちくまプリマー新書

064
民主主義という不思議な仕組み
佐々木毅
誰もがあたりまえだと思っている民主主義。それは、本当にいいものなのだろうか？　この制度の成立過程を振り返りながら、私たちと政治との関係について考える。

204
池上彰の憲法入門
池上彰
改正したら、日本の未来はどうなるの？　憲法はとても大事なものだから、しっかり考える必要がある。今こそ知っておくべきギモン点に池上さんがお答えします！

047
おしえて！ ニュースの疑問点
池上彰
ニュースに思う「なぜ？」「どうして？」に答えます。今起きていることにどんな意味があるかを知り、自分で考えることが大事。大人も子供もナットク！の基礎講座。

255
投票に行きたくなる国会の話
政野淳子
国会は実際どのように機能しているのかを、衆議院政策担当秘書として4年間働いた経験をもとに説明する。よりよい社会を作るために国会と国会議員を使い倒そう。

256
国家を考えてみよう
橋本治
国家は国民のものなのに、考えるのは難しい。日本の国の歴史を辿りつつ、考えることを難しくしている理由を探る。どうすれば「国家を考えられるか」を考える。

ちくまプリマー新書

143 国際貢献のウソ　伊勢崎賢治

国際NGO・国連・政府を30年渡り歩いて痛感した「国際貢献」の美名のもとのウソやデタラメとは。思い込みを解いて現実を知り、国際情勢を判断する力をつけよう。

239 地図で読む「国際関係」入門　眞淳平

近年大きな転換期を迎えていると言われる国際関係。その歴史的背景や今後のテーマについて、地図をはじめ豊富な資料を使い読み解く。国際情勢が2時間でわかる。

059 データはウソをつく——科学的な社会調査の方法　谷岡一郎

正しい手順や方法が用いられないと、データは妖怪のように化けてしまうことがある。本書では、世にあふれる数字や情報の中から、本物を見分けるコツを伝授する。

122 社会学にできること　西研　菅野仁

社会学とはどういう学問なのか。社会を客観的にとらえるだけなのか。古典社会学から現代の理論までを論じ、自分と社会をつなげるための知的見取り図を提示する。

136 高校生からのゲーム理論　松井彰彦

ゲーム理論とは人と人とのつながりに根ざした学問である——環境問題、いじめ、三国志など多様なテーマからその本質に迫る、ゲーム理論的に考えるための入門書。

ちくまプリマー新書

185
地域を豊かにする働き方
——被災地復興から見えてきたこと
関満博
大量生産・大量消費・大量廃棄で疲弊した地域社会に、私たちは新しいモデルを作り出せるのか。地域産業の発展に身を捧げ、被災地の現場を渡り歩いた著者が語る。

196
「働く」ために必要なこと
——就労不安定にならないために
品川裕香
就職してもすぐ辞める。次が見つからない。どうしたらいいかわからない。……安定して仕事をし続けるために必要なことは何か。現場からのアドバイス。

198
僕らが世界に出る理由
石井光太
未知なる世界へ一歩踏み出す！　そんな勇気を与えるために、悩める若者の様々な疑問に答えます。いま、ここから、なにかをはじめたい人へ向けた一冊。

113
中学生からの哲学「超」入門
——自分の意志を持つということ
竹田青嗣
自分とは何か。なぜ宗教は生まれたのか。なぜ人を殺してはいけないのか。満たされない気持ちの正体は何なのか……。読めば聡明になる、悩みや疑問への哲学的考え方。

148
ニーチェはこう考えた
石川輝吉
熱くてグサリとくる言葉の人、ニーチェ。だが、もともとは、うじうじくよくよ悩むひ弱な青年だった。現実の「どうしようもなさ」と格闘するニーチェ像がいま甦る。

ちくまプリマー新書

162 世界の教科書でよむ〈宗教〉 藤原聖子
宗教というとニュースはテロや事件のことばかり。子どもたちは学校で他人の宗教とどう付き合うよう教えられているのか、欧米・アジア9か国の教科書をみてみよう。

116 ものがたり宗教史 浅野典夫
宗教は世界の歴史を彩る重要な要素のひとつ。異文化への誤解をなくし、国際社会の中での私たちの立ち位置を理解するために、主要な宗教のあらましを知っておこう。

110 百姓たちの江戸時代 渡辺尚志
江戸時代の人口の八割は百姓だった。私たちの祖先であるかれらは、何を食べ、どのように働き、暮らしていたのだろう？ 歴史に学び、今の生活を見つめなおす。

003 死んだらどうなるの？ 玄侑宗久
「あの世」はどういうところか。「魂」は本当にあるのだろうか。宗教的な観点をはじめ、科学的な見方も踏まえて、死とは何かをまっすぐに語りかけてくる一冊。

043 「ゆっくり」でいいんだよ 辻信一
知ってる？ ナマケモノが笑顔のワケ。食べ物を本当においしく食べる方法。デコボコ地面が子どもを元気にするヒミツ。「楽しい」のヒント満載のスローライフ入門。

chikuma primer shinsho

ちくまプリマー新書267

裁判所《さいばんしょ》ってどんなところ？　司法《しほう》の仕組《しく》みがわかる本《ほん》

二〇一六年十一月十日　初版第一刷発行

著者　森炎（もり・ほのお）
装幀　クラフト・エヴィング商會
発行者　山野浩一
発行所　株式会社筑摩書房
東京都台東区蔵前二-五-三　〒一一一-八七五五
振替〇〇一六〇-八-四一二三
印刷・製本　中央精版印刷株式会社

ISBN978-4-480-68973-3 C0232 Printed in Japan

乱丁・落丁本の場合は、左記宛にご送付ください。
送料小社負担でお取り替えいたします。
ご注文・お問い合わせも左記へお願いします。
〒三三一-八五〇七　さいたま市北区櫛引町二-六〇四
筑摩書房サービスセンター　電話〇四八-六五一-〇〇五三